au coude le plus grand trou du monde. — Il se connaissait.

Ces quatre semaines durèrent quatre ans. Joséphine et sa mère revinrent. Conrad s'était promis de la revoir avec une indifférence semblable à la sienne, et cette résolution avait ramené une espèce de repos dans son cœur. Mais cette fille charmante était plus éblouissante que jamais ; elle exprimait tant de joie d'être de retour à Alteck ! Elle jetta à Conrad un regard dans lequel s'épanouissait son âme, lui tendit furtivement la main, en fit autant au régisseur qui sortait de la maison pour l'aider à descendre de voiture, lui sauta au cou, l'embrassa et se mit à pleurer.

LA FILLE BLEUE.

IV.

PARIS. — IMPRIMERIE DE CASIMIR,
Rue de la Vieille-Monnaie, nº 12.

La Fille BLEUE,

OU

La Novice, l'Archevêque et l'Officier Municipal;

PAR JEAN PIERRE.

TOME QUATRIÈME.

PARIS.

LECOINTE ET POUGIN, QUAI DES AUGUSTINS;

PIGOREAU, PLACE SAINT-GERMAIN;

CORBET, QUAI DES AUGUSTINS;

MASSON ET YONET, RUE HAUTEFEUILLE.

1832.

LA FILLE BLEUE.

CHAPITRE PREMIER.

Joseph le regarda attentivement. C'était un homme d'un extérieur froid ; mais dans ses yeux hardis, dans sa bouche dont les coins étaient relevés, on apercevait quelque chose de moqueur et d'indifférent qui glaça Joseph. Il allait livrer sa vie à une chance douteuse, et si elle lui était fatale que devenait Eugénie ? mais devait-il aussi livrer son secret à ces inconnus? et s'il faut ici dire le fond de ses pensées, à un noble? Par la manière dont sa vie était arrangée, n'y avait-il pas un duel à mort entre la noblesse et lui? Cette noblesse qui le traînait au milieu de la nuit sur le champ du duel, qui ne lui pardonnait pas d'avoir, comme elle, une épée et de s'en savoir servir, que dirait-elle quand elle saurait qu'il avait séduit et enlevé une de ses filles? Peut-être, cet homme qui allait l'assister de sa présence aurait-il poussé la générosité jusqu'au bout ; peut-être il eût secouru Eugénie seule et abandonnée, mais avec quelles paroles sur sa mémoire? avec quelles réflexions sur le *crime* qu'avait commis la jeune fille? D'ailleurs il était fier lui aussi: ceux qui le méprisaient, il les méprisait à son tour. On dédaignait l'échoppe vertueuse de son père; lui, avait le cœur plein de fiel et de dégoût contre ces familles dont les cœurs étaient gangrenés, les pères concussionnaires et avilis; les mères, les femmes, les filles, impudiques et adultères...Il était pour la noblesse ce que la noblesse était pour le peuple: il ne lui accordait ni honneur, ni vertu, ni générosité; il était comme tous les gens passionnés: il dépassait le but. Enfin une autre raison l'arrêta encore: fort, courageux et habile à l'escrime, pourquoi ce combat n'aurait-il pas pour lui une issue favorable? Déjà il avait blessé le vicomte du Terrier, pourquoi ne l'emporterait-il pas encore une fois? Cette réflexion le décida; il ne dit rien à son témoin.

Cependant les jeunes gentilshommes s'occupaient de tracer un cercle où deux hommes pouvaient tenir et combattre commodément; ils fichèrent leurs bougies en terre, à chaque pied de cette circonférence, et ils les allumèrent. On voit souvent sur nos places publiques, un chanteur des rues se placer au milieu d'un pareil cercle lumineux, pour y chanter ses romances d'une voix fausse ; ou bien un faiseur de tours étendre un tapis entre quatre chandelles et exécuter ses équilibres et ses tours de force au milieu de la foule ébahie : une petite tasse de fer-blanc est destinée à recevoir les offrandes; c'était absolument cela, sauf la tasse de fer-blanc : le prix de ce spectacle devait être du sang.

Joseph se hâta d'entrer dans cette arène flamboyante.

« Il faut mesurer les épées, dit un des spectateurs.»

Tous ces délais fatiguaient Joseph.

« Je me bats avec mon épée d'uniforme, dit-il.

« — Monsieur, lui dit son témoin à voix basse, au lieu de regarder la pointe de l'épée de votre adversaire, que vous apercevriez difficilement, regardez son poignet et le dessous de son avant-bras; souvenez-vous que vous êtes éclairé par en bas, cela doit tout-à-fait changer votre jeu.»

Les deux adversaires étaient dans la lice, le bras nu, la poitrine découverte et le jarret tendu. M. le vicomte du Terrier, avec cette persuasion qu'un coup heureux pouvait épargner beaucoup d'embarras, et avec le sang-froid qui est souvent une des qualité du duellistes; Joseph avec toute l'agitation d'un homme à qui la haine, la colère troublent le sang, et qui vient d'enlever une jeune fille à son couvent et qui la laisse, habillée en officier, dans une loge de l'Opéra; un autre besoin nuisait encore à Joseph : il était pressé.

Les spectateurs de cette scène formaient un cercle à quelques pouces du cercle de lumière qui entourait les combattans; leurs figures animées étaient éclairées par la clarté vacillante des bougies, et la lune, dont la lueur blafarde dominait tout ce tableau, projetait leurs ombres dans le cercle même où elle venait mourir devant les flammes vives qui s'élevaient de la cire embrasée. Dans ce moment suprême, où la vie d'un homme dépend d'une légère erreur de l'œil, ou si un nerf, un muscle, un tendon, refuse son service pendant un quart de seconde, la jeunesse, les talens, la vie, s'évanouissent devant la mort ; dans ce moment, disons-nous, ils étaient honteux du rôle qu'ils avaient joué, et désespérés du combat qu'ils avaient excité. Ils en sentaient la futilité, et leur raison naturelle parlait plus haut qe leurs préjugés nobiliaires.

« Il faut nous jeter entre eux au premier sang, disait l'un.

« — Voilà une plaisanterie poussée un peu loin, disait l'autre ; il faut les arrêter tout de suite et les mener souper ensemble : c'est ce que nous pouvons faire de mieux.

« — Allons, messieurs les témoins, entrez dans le cercle, et faites finir le combat. »

Mais les deux adversaires n'entendaient pas ces paroles, ou ne voulaient pas y obéir; leurs deux fers grinçaient l'un contre l'autre. Déjà M. le vicomte du Terrier avait été obligé de rompre plusieurs fois, et le talon de sa chaussure effleurait une des bougies de l'arène. Joseph, ardent et animé, poussait son adversaire, qui plus froid et plus circonspect, ne cherchait qu'à se garantir de la vivacité de l'attaque.

« Ah ! c'en est trop, faites finir ce

combat, dit un des spectateurs fatigué de l'anxiété cruelle où il se trouvait. »

Mais, dans ce moment, Joseph s'abandonna sur son adversaire, et son épée entra dans la peau charnue qui recouvre l'épaule. M. du Terrier profita du moment qui mettait Joseph à découvert, et porta un coup de pointe au-dessous du mamelon gauche de l'amant d'Eugénie.

Joseph tomba, ses yeux ne reçurent plus qu'imparfaitement la clarté, les lueurs des bougies dansèrent autour de lui comme autant de fantômes bleuâtres, et le sang qui coulait de sa blessure teignit ses vêtemens et dégoutta jusqu'à terre.

« Il est mort, il est mort! s'écrièrent douloureusement les jeunes gens spectateurs du combat.

« — Non, non; la blessure n'est par mortelle: l'épée a passé près du cœur et s'est perdue dans les côtes.

« — Le sang coule; ne l'arrêtez pas, sans cela il étoufferait.

« — Un chirurgien! un chirurgien! Qui est-ce qui va chercher un chirurgien? »

M. le vicomte du Terrier examina la plaie, s'assura que le cœur n'était pas endomagé, vit qu'il battait encore régulièrement, et dit:

« Messieurs, la blessure n'est pas dangereuse; nous avons ici un chirurgien... Antoine, allez chercher le chirurgien. »

Un domestique, qui s'était glissé dans la foule, se dirigea vers la voiture de M. du Terrier, et revint bientôt avec un homme de l'art, qui étancha le sang, qui pansa la plaie, et qui prononça hardiment que le blessé pouvait supporter la voiture. On transporta Joseph dans la voiture du vicomte, qui dit tout bas à Antoine :

« Toujours où nous sommes convenus. »

La voiture partit.

« Mais où le faites-vous conduire? dit celui qui avait servi de témoin à Joseph.

« — Chez moi, messieurs, reprit du Terrier; chez moi, où il sera soigné. »

Les bougies brûlaient encore çà et là sur le gazon humide; quelques-unes avaient été éteintes par le sang de l'infortuné Joseph.

« Le sang-froid de ce du Terrier m'épouvante, dit un des spectateurs.

« — Allons souper, messieurs, dit le vainqueur en se frottant l'épaule, légèrement endommagée par l'épée de son adversaire. »

CHAPITRE II.

Eugénie assise dans le fiacre, la voiture s'ébranla et partit. A l'époque dont nous parlons, et quoiqu'elle ne soit pas bien éloignée de nous, Paris n'était pas encore éclairé comme aujourd'hui : le gaz ne sortait pas encore lumineux de ses conduits souterrains, les réverbères étaient moins nombreux et moins bien alimentés ; les chevaux fatigués passaient donc dans des rues obscures, et Eugénie n'entendait que le bruit des roues, les juremens de son cocher et le claquement du fouet qui tombait d'aplomb sur deux pauvres rosses qui n'en pouvaient mais. Encore tout émue de l'espèce de lutte qu'elle avait eue à soutenir contre Rose la déchirée, son imagination était épouvantée, et chaque bruit l'effrayait comme s'il eût dû être le précurseur d'une aventure désagréable. Peu à peu néanmoins elle se rassura, et comme son esprit était juste, elle se mit à réfléchir sur sa situation et sur la démarche même qu'elle faisait. Dans certains momens, elle ne pouvait pas croire à ce qui se passait, tout lui paraissait une illusion de ses sens ; mais enfin, en se tâtant, en se sentant blessée par des bottes dures pour ses pieds délicats, en comptant les boutons de son uniforme, elle se convainquit facilement qu'elle était bien sous le poids d'une réalité fatale. Mais Joseph ? mais ce jeune homme qui l'aimait depuis son enfance, qui avait été élevé avec elle, pour qui elle supportait l'ennui du couvent, la colère de sa famille, à qui enfin elle venait de livrer sa vie et son honneur, l'avait-il cruellement abandonnée ? s'était-il joué des sermens les plus saints? Voilà ce qu'elle ne pouvait pas croire. Vingt fois dans ses entretiens avec des jeunes filles de son âge, ou même avec des femmes de chambres indiscrètes, on lui avait dit que les jeunes gens étaient des trompeurs qui ne cherchaient qu'à déshonorer les jeunes filles, qu'à en abuser et à les faire les victimes de leurs passions; mais elle avait trop de sens pour supposer à Joseph un projet semblable: il était impossible de penser qu'il eût joué pendant si long-temps un rôle aussi odieux. L'amour n'est point une chimère, il existe, c'est un sentiment naturel, et elle savait fort bien que Joseph l'aimait. Il restait une dernière supposition, qu'il lui était bien permis de faire dans la position où elle se trouvait, supposition juste, comme nous l'avons dit, et que l'événement ne rendait que trop vraisemblable. Joseph était du peuple, quoiqu'il eût été élevé par son père M. O'Flahers; on lui avait toujours fait sentir la distance qu'il y avait entre lui et un homme noble. Entré au service, la noblesse ne l'avait vu dans l'armée qu'avec dédain, elle l'avait tourmenté et humilié. Avait-il voulu se venger et déshonorer la noblesse dans sa personne, en abusant d'elle et en l'abandonnant, comme il l'avait fait, à tout ce qui pouvait advenir de son déguisement et de sa présence à l'Opéra? Voilà la pensée à laquelle elle s'arrêta; elle crut que malgré tout ce qu'il avait dû en coûter à Joseph pour prendre un parti semblable, son orgueil l'avait emporté sur son amour, et qu'elle avait été ainsi sacrifiée à une basse vengeance : alors elle pleura; trahie, trompée, immolée en victime à des passions dont moins qu'une autre elle avait partagé l'injustice, son cœur se serra, et sans plus penser à sa position, elle ne s'occupa plus que de son amour trahi, que de la foi parjurée, et d'elle, livrée en jouet à un homme qui n'avait pas la passion qu'il feignait. Elle était encore dans cet état lorsque le cocher arrêta ses deux chevaux fatigués, ouvrit la portière et lui dit :

« Nous y sommes, mon officier. »

Eugénie tressaillit et jeta les yeux sur la muraille grise de l'archevéché. Alors seulement elle pensa à ce qu'elle avait dit; et quel enchaînement d'idées l'avaient amenée à se faire conduire à l'archevêché. Le lecteur se rappelle la visite que fit l'archevêque de Paris au couvent des Annonciades; là, Eugénie le vit : une figure dont la majesté n'excluait pas la douceur, un sourire affectueux, des paroles de tolérance et de charité avaient fait penser à la jeune fille que cet homme, qui était à la tête du clergé de Paris, pourrait être pour elle un soutien dans l'infortune, un bon pasteur qui sauverait la brebis égarée; elle avait entendu vingt fois louer sa charité, citer des traits de sa bienfaisance; et, par cet instinct des malheureux, qui s'attachent à l'appui le plus incertain, quand ils pensent qu'il peut les soutenir, dans ce moment de douleur et d'angoisse, l'idée de se réfugier auprès de l'archevêque se présenta d'abord à elle, quand le cocher eut ouvert la portière et lui eut dit :

« Nous y sommes, mon officier. »

Elle se recueillit un moment, et se confirma dans son dessein par quelques considérations humaines. Au lieu de compter sur son père et sur son mari, il fallait, au contraire, fuir leur courroux. Si Joseph l'avait abandonnée pour satisfaire sa vengeance contre la noblesse, en la déshonorant publiquement, le meilleur parti qu'elle eût à prendre était d'aller chez l'archevêque, qui était noble, et qui d'ailleurs, dans un moment où de tous les côtés on attaquait le clergé, avait intérêt à étouffer une affaire semblable, à ne pas donner aux fidèles ce sujet de scandale, et aux impies cette occasion de sarcasmes et de railleries.

Le déshonneur public dont elle pouvait être couverte était évité; restait donc seulement la punition qu'on ne manquerait pas de lui infliger au couvent, quand elle y retournerait : mais cela était peu de chose. Elle descendit donc et leva le marteau pesant de la porte de l'archevêché, lorsque le cocher, la tirant par la basque de son habit, lui dit :

« Vous allez vous coucher, mon officier ? Si vous vouliez me payer ma course ? »

Eugénie eut le frisson ; elle fouilla machinalement dans sa poche, certaine de n'avoir pas un sou, et répondit :

« Je vais redescendre, mon ami ; je n'ai qu'un mot à dire à l'archevêque.

« — Voilà un jeune cadet qui est dévot ; il veut se confesser avant que de se coucher.... Bath ! dévot ! ajoutait-il en se reprenant : ça court les filles et les brelans toute la nuit ; il est à sec maintenant, et il va chercher de l'argent chez son vieux bonhomme d'oncle.... Ma foi, il m'a tout l'air d'un libertin. Si le prêtre le laisse faire, il lui prendra jusqu'à sa croix d'or. »

L'obscurité et la solitude du lieu augmentaient l'insolence du cocher, qui parlait haut et qui demandait le prix de sa course d'une manière qui commençait à devenir inquiétante pour Eugénie. Celle-ci frappait à la porte de l'archevêché aussi fort qu'elle le pouvait, lorsque le cocher, las de tous ces retardemens, et pensant qu'ils lui nuisaient autant qu'à l'officier, auquel on n'ouvrait pas, unit ses efforts à ceux d'Eugénie, et souleva vigoureusement l'anneau de bronze, qui retomba sur la plaque de fer avec un tel bruit, que toutes les vîtres de l'archevêché en furent ébranlées.

« Par la bienheureuse Notre-Dame de Paris, dit le portier, qui était couché dans sa loge, qui est-ce qui nous arrive ? Il faut que ce soit un manant ou un gentilhomme ordinaire du roi. »

Il passa à la hâte une vieille culotte de velours, et, sans débarrasser son chef du bonnet de coton, d'un blanc équivoque, qui le couvrait, il prit son trousseau de clefs et fut ouvrir la porte.

« Eh! dit-il en se découvrant dès que la porte fut ouverte, c'est un officier. »

Il ne s'était pas trompé : c'était bien, pour lui, un gentilhomme ordinaire du roi.

« Monseigneur l'archevêque? demanda Eugénie en s'élançant dans le vestibule.

« — Monseigneur! monseigneur!

monseigneur n'est pas visible, dit le portier.... Vous venez de la cour?

« — Nous venons de l'Opéra, » interrompit le cocher, qui était resté sur le seuil de la porte entrebâillée.

Le portier se signa.

« De l'Opéra, grand Dieu!

« — Oui, la maison de Satan, dit le cocher. Allons, fais-nous parler à ton archevêque; tu vois bien que nous ne nous en irons pas sans ça, et que nos chevaux sont fatigués. »

Le portier de l'archevêque, personnage qui tenait au clergé par un certain coin, à ce qu'il disait, et qui se croyait plus d'importance qu'un curé de village ayant charge d'âmes, se releva sur ses hanches avec fierté, et toisa le cocher d'un regard superbe. Celui-ci, qui avait l'estomac ouvert, les épaules carrées et les bras vigoureux, rendit regard pour regard : alors le portier se souvint qu'il était un membre indigne de l'église militante, et que l'église n'est jamais plus puissante que lorsqu'elle s'humilie, et il baissa les yeux.

« Camarade, dit le cocher, content de la victoire qu'il venait d'obtenir, il ne faut pas vous fâcher, ni refuser l'entrée à ce jeune homme: c'est un neveu de l'archevêque.

« — Oh! oh! reprit le portier,

ravi d'avoir une excuse pour faire ce que demandait le cocher, sans avoir l'air de lui céder, c'est un neveu de monseigneur..... Mais il ne faut pas m'appeler camarade, parce que, lorsque l'on a été quinze ans enfant de chœur, et que depuis vingt-cinq ans on est serpent, on n'est pas le camarade de....

« — Monsieur, reprit Eugénie d'une voix claire et douce, faites-moi parler à Monseigneur, je vous en supplie.

« — J'y vais, j'y vais.... vous allez être annoncé tout de suite.... Peste! dit-il à part lui, il a tout-à-fait la voix d'un enfant de chœur. »

Il aurait pu dire d'une femme;

mais une pensée aussi profane ne germe pas tous les jours dans la tête du portier d'un archevêque. Il tira le cordon d'une petite sonnette, et au bout de quelques instans, on vit arriver une femme de charge, en bonnet rond bien plissé et avec tournure de béguine; elle fit tourner silencieusement une porte sur ses gonds bien huilés, et se trouva dans le vestibule. Eugénie respira: elle était enfin en présence d'une femme qui paraissait respectable.

« Ma bonne, dit-elle en s'approchant de la femme de charge, je voudrais voir l'archevêque.

« — Jésus, Maria, Joseph! s'écria la femme de charge, Monseigneur est couché; son valet de chambre vient de lui apporter un lait de poule que j'ai fait moi-même : le saint homme est enrhumé depuis trois jours.... Mais c'est peut-être pour une quête, monsieur l'officier; vous pouvez en remettre le montant dans mes mains : il lui sera fidèlement remis, je vous en réponds.... Ah! je sais, c'est pour le Juif qui est trompette dans un régiment de dragons, les dragons de la reine, n'est-ce pas? et que l'aumônier a converti..... Non, non, vous verrez que ce sera la marquise de Saint-Alphonse qui est accouchée aujourd'hui, et qui s'en va mourir. Ces jeunes femmes dansent, s'amusent durant leur grossesse, et puis elles sont à la mort le neuvième mois. »

Elle aurait parcouru trois fois le cercle de toutes ses probabilités, qu'elle se serait bien gardée de deviner. Mais tandis qu'elle s'abandonnait ainsi à ses suppositions, un grand monsieur en habit noir, en cheveux poudrés, linge très-blanc et manchettes, le valet de chambre de Monseigneur, en un mot, avait entr'ouvert doucement la porte aux gonds huilés, et, après avoir jeté un coup d'œil rapide sur la scène qui se passait dans le vestibule de Monseigneur, il avait disparu. Un moment après, il reparut, et imposant silence au cocher, qu'il renvoya à ses chevaux, à la femme de charge, qu'il pria d'aller se coucher, au portier, auquel il enjoignit de regagner sa loge, il dit à Eugénie :

« Monsieur le capitaine, Monseigneur vous attend. »

Eugénie se sentit prête à se trouver mal ; mais elle suivit le valet de chambre.

Monseigneur l'archevêque de Paris avait donné à souper à un duc, deux marquis, deux comtesses, un bel esprit et trois chanoines de Saint-Denis. Le bel esprit était gros et gras comme un chanoine, les chanoines maigres et bilieux comme des poètes ; les deux femmes avaient du rouge, du blanc, des plumes, des diamans, et depuis cinq ans, elles n'avaient plus d'attachemens, et étaient devenues dévotes. Le duc criait contre la cour, parce qu'on lui avait soufflé une ambassade ; il ne parlait que de réformes, d'abus à supprimer, et en appelait à la convocation des Etats-Généraux. Les deux marquis avaient été passer, quelque temps auparavant, quinze jours à Londres : ils en étaient revenus anglomanes ; et comme ils voulaient faire leur cour à l'archevêque, dont ils trouvaient le souper excellent, ils *répétaient* à l'unisson :

« Quel dommage que cette nation ne soit pas catholique! »

L'archevêque, en convive aimable et spirituel, laissait parler ses convives, sans trop les contredire ni les approuver. On médit un peu; les deux dames dirent du mal des jeunes femmes qui avaient des amans; les marquis louèrent les chevaux anglais; le duc tonna contre MM. de Vaudreuil, de Noailles, de Bezenval; contre mesdames de Lamballe, de Polignac, et généralement contre tous les favoris et favorites passés, présens et futurs. Les chanoines glissèrent quelques petites méchancetés contre Saint-Sulpice et le chapitre de Notre-

Dame ; et le bel-esprit fit la critique du roman nouveau, et l'éloge du dernier mandement de l'archevêque. Pour Monseigneur, il soupa en homme de bon appétit, fit la débauche d'ajouter à son ordinaire un demi-verre de Champagne, et à onze heures, il renvoya sa compagnie, parce que la maison d'un archevêque doit être un modèle d'ordre et de régularité, et qu'aussi il avait à remplir quelques devoirs religieux avant que de se mettre au lit. Les convives de l'archevêché étaient donc partis à onze heures, en bénissant la maison du Seigneur et le bon pasteur qui l'occupait.

Monsieur l'archevêque de Paris,

dont le nom ne viendra pas se retracer dans ces pages légères, était un homme double, si nous pouvons nous exprimer ainsi, non qu'il fût hypocrite et artificieux; mais double seulement, en ce qu'il paraissait avoir deux natures, l'une bonne, indulgente et douce, l'autre impitoyable et altière : toute la vie de ce prélat a tenu de ces deux dispositions. Il fouillait dans ses poches quand il rencontrait un malheureux, et, s'il n'avait point d'or à donner, il laissait tomber sa montre dans la main indigente qui s'avançait vers lui; il tirait furtivement un matelas de son lit, il le chargait sur ses épaules et le portait jusqu'au grenier du pauvre ; il consolait et rassurait, il éloignait la terreur du lit des mourans ; le Dieu qu'il prêchait était bon et miséricordieux ; lui-même était simple et facile, regardant tous les hommes comme pétris du même limon, comme échappés des mêmes mains, et comme devant aspirer un jour au même bonheur. Mais dans le moment de révolution et de tourmente politique où l'on se trouvait alors, une occasion se présenta de poser d'une manière nouvelle les droits de tous : cette égalité, qui n'est pas dans le monde, dont tant de choses nous éloignent et nous séparent, on la demanda devant la loi, et lui fut un de ceux qui furent choisis pour examiner les désirs nouveaux du peuple et y condescendre s'ils étaient justes. Il semblait que cette âme douce et simple, que le prélat miséricordieux et charitable, abandonnerait volontiers les biens de ce monde pour tourner ses regards seulement vers la Jérusalem céleste; on aurait cru que lui le premier aurait dit :

« Les évêques ne porteront plus qu'une croix de bois, puisque c'est sur une croix de bois que J.-C. a sauvé le monde. » Eh bien, pas du tout, l'archevêque de Paris soutint les droits temporels du clergé avec une énergie sans pareille : dîmes, préséances, titres honorifiques, honneurs, coups d'encensoirs, moines, capucins, moinillons, béates, béguines, religieuses, communautés, corporations, biens meubles, immeubles, registres de l'état civil, impôts sur les baptêmes, les mariages, les enterremens, droits sur les viviers, sur les forêts, sur la pêche, sur la chasse, vasselages et redevances, il voulut tout soutenir, tout garder, il ne voulut faire aucune concession, ni aux besoins du temps, ni à la raison, ni à la justice. Voilà quel était l'homme double qui gouvernait le diocèse métropolitain de Paris, avant la révolution, et l'homme auquel, sans connaître son caractère autant que notre lecteur le connaît maintenant, Eugénie allait confier sa malheureuse destinée.

Monseigneur l'archevêque de Paris avait dit les derniers psaumes de son bréviaire, et son valet de chambre l'avait mis au lit. Sur sa table de nuit était le lait de poule confectionné par la femme de charge; mais monseigneur n'y touchait pas; il avait pris du champagne, comme nous l'avons dit, et se confiait, pour cette nuit-là, à la liqueur généreuse pour guérir son rhume. Il faisait comme les jeunes gens, qui chassent une irritation par une autre, et pour un rhume, se confieraient plus volontiers à du punch au rhum qu'à du thé perlé. Cependant monseigneur ne dormait pas, le champagne agissait, et tandis que son valet de chambre préparait silencieusement la toilette du lendemain, monseigneur s'agitait dans son lit comme un sabot sous le fouet d'un écolier, ou comme une jeune fille qui attend son amant.

« Julien, disait-il, je dirai la messe demain.

« — Oui, monseigneur, repondit le valet de chambre.

« — Dans ma chapelle particulière; vous monterez chez l'abbé Tiberge, il la servira.

« — Oui, Monseigneur.

« — Je ne comprends pas, Julien, ce qui peut m'empêcher d'avoir sommeil, mais je n'ai nulle envie de dormir. »

M. Julien fit une petite grimace

« Si Monseigneur, dit-il, voulait prendre son lait de poule? »

Dans ce moment on entendit le bruit que fit le marteau de bronze soulevé par le cocher d'Eugénie.

« Qu'est-ce que cela peut être? dit l'archevêque; allez voir, Julien. »

Julien quitta la chambre, et passant par des corridors obscurs et des escaliers dérobés, il fit dans le vestibule l'apparition dont nous avons parlé.

« Monseigneur, dit-il en rentrant chez l'archevêque, c'est un jeune officier qui demande à vous voir. »

Il y a entre la vieillesse et l'enfance, entre la laideur et la beauté, entre un archevêque et un officier, des sympathies qu'il est difficile d'expliquer, mais qu'on ne saurait nier : si un grand-vicaire ou un marguillier eussent, à cette heure, demandé à voir l'archevêque, il ne les eût certainement pas reçus, c'était un officier, il dit :

« Faites monter.

« — Quelque petit drôle, dit-il à part lui, qui aura perdu sa bourse dans quelque brelan, et qui espère la retrouver dans la poche de ma soutane violette... quelque espiègle qui aura manqué à son colonel, qui aura fait la nique à l'aumonier du régiment, et qui vient me prier d'arranger son affaire. »

L'archevêque se sut bon gré de n'avoir pas sommeil et d'avoir bu du champagne.

M. Julien, son bougeoir à la main, éclairait les pas tremblans de la jeune *fille*, qui trébuchait à chaque instant.

« Par ici, monsieur, par ici; il y a trois marches à descendre, maintenant quinze à monter;... suivez toujours tout droit... Monsieur est bien heureux d'être reçu ; il y avait cent à parier contre un que

Monseigneur ne serait pas visible... Aussi, je vous demande, à cette heure?.. Depuis que Monseigneur est à l'archevêché, il n'a reçu personne aussi tard... Là, nous y sommes. »

Julien ouvrit une portière de drap vert à clous dorés, une porte massive d'acajou, et Eugénie se trouva dans la chambre à coucher de l'archevêque.

La chambre de l'archevêque était éclairée par une lampe de nuit qui brûlait sur son *somno;* sur une console, devant une glace, était un grand crucifix de vermeil, où était attachée une figure du Christ en ivoire, quelques fauteuils bien douillets étaient épars çà et là dans l'appartement et portaient encore les dépouilles de la toilette de l'Archevêque, des rideaux bleu ornaient le lit, et on voyait sortir de deux draps blancs, et appuyée sur un oreiller festonné de dentelle, la tête ridée de l'archevêque, ornée d'un bonnet de coton qui laissait passer des deux côtés deux aîles de pigeon poudrées et retenues captives par deux longues épingles noires.

Ce jeune officier à chapeau bordé, à bottes luisantes, ayant l'épée battant sur la cuisse, était une fille timide et coupable qui, avant ce jour, n'était jamais entrée dans la chambre d'un homme; c'était une novice qui s'était échappée de son couvent, et qui, certes, n'avait jamais vu un archevêque au lit. Eugénie sentit ses jambes fléchir sous elle, et elle-même n'eut pas la force de se jeter au pied du lit de l'archevêque et d'implorer sa miséricorde.

Monseigneur se releva à moitié sur son coude, et considérant la figure pâle de l'individu jeune et frêle qui était devant lui, il ne savait trop quelle conjecture former, ce qu'il pensa seulement, c'était que ce jeune officier avait à lui dire quelque chose d'important, et qui ne demandait point de témoin; il dit à son valet de chambre de sortir.

« Mais, Monseigneur...

« — Sortez, vous dis-je.

« — Monsieur, reprit l'archevêque quand il fut seul avec Eugénie, vous pouvez parler, tous les secours, toutes les consolations que vous pouvez attendre de moi, vous les obtiendrez. J'agirai pour vous avec toute l'indulgence d'un père, et aussi avec la tendresse d'une mère; vous êtes bien jeune. Vous avez trouvé à votre régiment beaucoup de devoirs pénibles à remplir, beaucoup de mauvais exemples : nous tâcherons de vous obtenir un congé, et j'espère que vous ne vous repentirez pas de vous être adressé à moi. » Le bon archevêque parlait toujours, et Eugénie reprenait courage : cette voix douce et flatteuse, qui tintait à son oreille, rassurait son cœur: cependant elle se taisait. On lui parlait de l'indulgence d'un père, de la tendresse d'une mère, hélas! elle pensait qu'auprès de M. et de madame O'Flahers elle ne pourrait pas trouver ces deux sentimens; mais le prêtre charitable qui s'exprimait ainsi, ne renierait pas ses paroles quand il saurait son sexe et ses malheurs.

« Voulez-vous bien, monsieur, me dire votre nom? reprit l'archevêque.

« — Monseigneur....

« — Comment?

« — Eugénie O'Flahers, répondit-elle enfin d'une voix tremblante.

« — Eugène O'Flahers, dit l'archevêque ; il me semble que je connais ce nom.

« — Eugénie, reprit encore la jeune fille d'une voix étouffée par ses larmes.

« — Comment? vous dites?...

« — Eugénie O'Flahers, que sa mère a conduite au couvent des Annonciades, qui ai pris l'habit des filles-bleues, qui ai été enlevée par un séducteur, conduite à l'Opéra et abandonnée, oui, oui, abandonnée. »

Sa force était à bout ; elle se laissa aller dans un fauteuil, et cachant sa tête dans ses mains, elle donna un libre cours à ses larmes.

Pour l'archevêque, il s'était enfoncé sous sa couverture, il avait caché sa tête sous son oreiller; il croyait qu'il rêvait. Une religieuse chez lui! à minuit! dans sa chambre! habillée en homme! en officier! Malgré lui, toutes les visions de saint Antoine, toutes les tentations des religieux de la Thébaïde lui revinrent à l'esprit. Comme il n'était pas superstitieux, cette pensée ne l'occupa pas long-temps; mais une idée succédant rapidement à l'autre, il s'imagina un moment que sa tête était troublée, qu'il rêvait, quoique éveillé, et qu'il devait cet étourdissement passager au vin de champagne; il en avait bien peu bu cependant, un demi-verre! Ce qui contribuait à entretenir son illusion, c'était l'invraisemblance de ce qu'on lui disait : une religieuse, une novice enlevée, bon; mais enlevée du couvent des Annonciades, couvent régulier, entouré de hautes murailles, et dont la règle était douce et la chaîne légère; mais cette novice en officier, conduite à l'Opéra, et enfin chez lui.... Monseigneur pensait, avec quelque raison, que ce n'est pas chez les archevêques que se retrouvent les religieuses enlevées..

Il arrive à tout homme de sens

d'avoir des momens d'hésitation semblable, mais ils sont courts; et je ne sais quel sens intime vient bientôt leur révéler que ce qui n'est pas vraisemblable peut néanmoins être vrai. L'archevêque releva sa tête.

« Monsieur..., madame, dit-il, veuillez bien me redire ce que vous m'avez déjà dit; et puisque enfin vous vous êtes confiée à moi, veuillez entrer dans de plus grands détails. »

Eugénie, assise dans un fauteuil, et les yeux noyés de larmes, releva la tête, et s'interrompant pour sangloter, elle raconta sa malheureuse histoire, la naissance de Joseph, son éducation, l'amour qui les unissait tous deux, et qui avait commencé avec leur enfance; la ruse qu'avait employée madame O'Flahers pour la conduire au couvent des Annonciados, l'adresse de Rose, et enfin son enlèvement par Joseph, aidé de Jérôme.

« Maintenant, Monseigneur, dit-elle, je suis abandonnée, sans doute trahie, et par qui? par l'homme à qui j'ai tout sacrifié, par l'homme à qui je me suis livrée.... Je suis perdue, déshonorée. Vous seul pouvez encore me sauver; je n'ai d'espoir qu'en vous. Mon père, ma mère me repousseraient si je me présentais devant eux; je suis perdue, mon père.

« — *Pater meus et mater mea derelinquerunt me, Deus autem absumpsit*, » murmura l'archevêque.

La pauvre jeune fille se jeta aux pieds du lit; elle pleurait, elle sanglottait; les tresses de ses cheveux s'étaient défaites et couvraient son visage, des cheveux de femme couvraient l'uniforme du soldat. La douleur, la sorte de rage qui suit un amour trompé, lui donnaient du courage et une liberté d'esprit dont elle ne se serait pas cru capable.

« Monseigneur, reprit-elle, je ne suis point une religieuse qui a violé ses vœux, qui a enfreint ses sermens ; je suis une pauvre jeune fille trompée, qui était libre, et qui n'a que le tort de n'avoir pas voulu de l'époux que sa famille lui destinait, et d'en avoir choisi un autre. »

C'était là une belle occasion, pour l'archevêque, de faire un grand sermon sur l'obéissance que les enfans doivent à leurs père et mère, de parler des mésalliances qui brisent, au gré d'une passion de jeunesse, les convenances sociales ; c'était une belle occasion de s'élever contre la fièvre d'égalité qui s'était emparée des cœurs de jeunes filles et des cœurs d'hommes ; mais la brebis était là toute palpitante sous le couteau; le fait parlait plus haut que tous les raisonnemens possibles, et il était accompli. Il se souvint du précepte de Lafontaine :

Tire-moi d'abord du danger,
Tu feras après ta harangue,

et il sonna.

« Vous allez passer dans mon cabinet, mademoiselle, » lui dit-il.

Eugénie se leva et ouvrit la porte que l'archevêque lui indiquait du doigt.

« — Mademoiselle, mademoiselle, s'écria l'archevêque. »

Eugénie revint vers lui.

« — Soupçonnez-vous que votre évasion soit connue au couvent?

« — Non, monseigneur.

« — Qu'avez-vous fait de votre costume de religieuse?

« — Il est dans ma cellule.

« — Croyez-vous n'avoir point laissé de traces de votre fuite?

« — Aucune; le barreau que j'ai détaché est retombé en dedans.

« — Bien! entrez un moment dans ce cabinet. »

Monsieur Julien entra.

« Julien, mes culottes, mes bas mes souliers et la première soutane venue.

« — Monseigneur veut se lever?

« — Oui.

« — Mais monseigneur est enrhumé, mais il fait froid.

« — Mes culottes, et faites atteler. »

Julien prépara le caleçon de molleton, la culotte de velours, les gilets les plus chauds, la soutane la mieux ouatée, et il alla réveiller le cocher qui dormait auprès de ses chevaux.

« Diable, diable, disait l'archevêque entre ses dents, autrefois c'étaient les petits marquis qui enlevaient les religieuses, maintenant ce sont des fils de savetiers...... Ah! tout est perdu, parce que les marquis n'y renonceront pas, il y a énormément de fils de savetiers, nous ne pourrons pas conserver une religieuse..... Et cette pauvre jeune fille, elle est jolie, ma foi.... Si jeune, si belle et si riche!.. Mais aussi la mettre au couvent... Je crois que les O'Flahers n'ont qu'une fille... Cette noblesse, en vérité, se sert des couvens comme de la Bastille... Que faire? La ramener chez son père, c'est faire du scandale pour rien.... Mais ce jeune homme, abandonner sa maîtresse au théâtre? Cela ne se conçoit pas, et cela seulement pour la perdre, pour déshonorer une famille noble... En vérité, il faut que ce peuple ait une furieuse haine contre nous... Que vais-je décider?.. Bath, que fit Notre Seigneur Jésus-Christ avec la Cananéenne, avec la Samaritaine ? et la femme adultère donc... Julien, Julien, les chevaux sont-ils à la voiture ?

« — Oui, monseigneur; mais monseigneur ne sortira pas ?

« — Au contraire.

« — J'accompagnerai monseigneur ?

« — Du tout. »

Monseigneur parlait avec un ton si bref et si décidé, que M. Julien ne jugea pas convenable d'ajouter un mot; il termina en deux temps la toilette de l'archevêque, lui donna son chapeau, sa canne, ses gants, son manchon, et se retira dans un respectueux silence.

« Monsieur le lieutenant, dit l'archevêque d'un air libre, je suis à vous, quand vous voudrez. »

Eugénie sortit du cabinet obscur où, sans savoir ce qu'elle faisait, elle s'était blottie sur un prie-Dieu, et elle suivit immédiatement l'archevêque. Où allaient-ils? à quel parti s'était arrêté monseigneur? c'était ce qu'elle ignorait; mais elle avait parfaitement compris qu'elle ne pouvait pas demeurer à l'archevêché.

« Il va sans doute me confier à quelque dame pieuse qui me recueillera, pensait-elle. »

Et on avançait vers la porte qui s'était ouverte aux ordres de monseigneur, le marche-pied de la voiture s'était abaissé, le cocher était sur son siége, il ne restait qu'à monter et à partir quand le cocher de fiacre survint.

« Holà, hé, mon officier, vous voilà dans un équipage et vous oubliez votre fiacre.

« — Qu'est-ce que c'est que cela ? dit l'archevêque.

« — C'est un cocher de fiacre qui m'a amené ici, répondit Eugénie d'une voix faible.

« — C'est moi, monsieur l'archevêque, qui depuis une heure

trimballe cet officier, et qui demande ma course.

« — Julien, donnez six francs à cet homme.

« — Merci, monseigneur, répondit le cocher, et il tendit la main. »

L'archevêque monta dans son carrosse, Eugénie l'y suivit.

« — Que personne ne monte derrière ; Pierre, à la place Royale. »

Et la voiture roula.

« Il faut que ce petit officier l'ait ensorcelé, dit M. Julien.

« — Il sort avec un gros rhume, reprit la femme de charge ; il nous reviendra avec une fluxion de poitrine.

CHAPITRE III.

A la place Royale, avait dit l'archevêque, et comme Eugénie connaissait fort peu la ville de Paris, et qu'elle ignorait si la place Royale était voisine ou non de la rue Culture Sainte-Catherine, elle se confirma dans la pensée que monseigneur allait la remettre aux mains de quelque famille noble et religieuse, où elle trouverait pour quelque temps une retraite décente. Pour l'archevêque, il avait passé son bras dans un des appuis qui garnissent les voitures, et il réfléchissait tout en jouant avec sa croix pectorale. Il y avait des momens où le caractère du prêtre reprenait le dessus : il voulait alors commencer de longs discours, des reproches sanglans ; faire parler Dieu outragé, la morale blessée, le sacrilége qui existait dans l'action qu'avait commise Eugénie ; la maison de Dieu profanée, des vêtemens saints souillés, et Dieu, toujours Dieu prêt à punir l'impie, l'impudique ; ensuite l'enfer, et ses flammes, et ses éternelles horreurs; mais il jetait les yeux sur cette figure pâle et défaite, sur cette fille si humiliée de son habit, de son épée, de cette plume qui vacillait sur son chapeau, ornemens étrangers et qui redoublaient la honte d'Eugénie; et il s'arrêtait alors. Un homme bon et généreux ne trouve jamais de force contre un aveu, du repentir et des larmes. Cette main qui jouait avec sa croix pectorale remontait quelquefois jusqu'à son front, et elle y trouvait une cicatrice qui lui rappelait une action de courage et de générosité, et lui rendait tous ses sentimens d'homme.

Monseigneur de Paris n'avait pas

toujours occupé le premier siége du royaume; il avait été évêque en province. Là, un soir après souper, après s'être couché avec un petit rhume, et dans des circonstances toutes pareilles à celles qui se présentaient, il avait ouï, dans la rue de l'évêché, des voix confuses, des clameurs, des cris : *au feu! au feu!* Monseigneur s'était levé à la hâte, et avait couru dans la rue; une maison était en flammes; le feu sortait par toutes les fenêtres; il embrasait le toit, il serpentait dans toutes les gouttières. A travers le bruit, la fumée et les craquemens de la maison, s'élevaient des cris de femme ; la foule bruyait à l'entour.

« — Il y a encore une femme dans la maison, dit-on, là, à cette fenêtre d'où sort tant de fumée ; elle crie, elle pleure, je l'entends, et personne pour la sauver ! »

On apportait des échelles, on les appliquait contre le mur ; mais les plus courageux reculaient épouvantés.

« Bath, c'est bien fait, dit une vieille dévote, savez-vous qui est dans cette maison ? c'est la femme de M. le bailly, qui trompe son mari et qui donne des rendez-vous au jeune de L..., le garde-du-corps en congé : c'est le ciel qui les punit, c'est le feu du ciel qui est tombé sur la maison. »

L'évêque écoutait tout, et il entendait les cris de cette malheureuse femme, il voyait la violence de l'incendie, il comprenait que quelques momens encore et la maison allait s'ébranler et l'ensevelir sous ses décombres. Il s'avança au milieu de la foule, il parla, il pria, il exhorta :

« Cent louis, disait-il, à celui qui montera et tirera cette femme du danger; deux cents louis, trois cents louis, dix mille livres. »

Dix mille livres sont bien bonnes à gagner, mais il faut pouvoir en jouir et la mort était certaine : parmi tous ces hommes, il ne s'en trouvait pas un qui eût le courage de la braver. Quelques vieilles femmes s'agenouillèrent à ses pieds et lui dirent que s'il voulait jeter quelques gouttes d'eau bénite dans ce brasier ardent, le feu s'éteindrait de lui-même. Je ne sais quel saint avait fait ce miracle.

L'évêque fit mieux que ce saint, il prit une échelle, l'appliqua contre la muraille, et pénétra dans la maison incendiée Au milieu de la fumée, et des poutres embrasées qui commençaient à tomber, des planches brûlaient sous ses pieds et se crevassaient en jetant des éteincelles. Il chercha cette brebie oubliée dans le bercail en flamme. Il prit dans ses bras cette femme demi-nue, et serrant contre sa poitrine ses chairs moites d'effroi et brûlantes de l'ardeur de l'incendie, il regagna l'échelle chargé de ce fardeau, et au milieu du feu, des pierres qui se détachaient, et dont une l'atteignit au front et fit couler son sang, déposa dans la rue cette femme évanouie. Le souvenir de cette bonne action tempérait la sévérité évangéliqu de l'archevêque, privilége heureux d'une action louable et généreuse qui en inspirer d'autres! Il regardait Eugénie, et il croyait lui trouver quelque ressemblance avec la femme du bailli qu'il avait sauvée de la mort : c'était le déshonneur et la honte qu'il fallait épargner à cette pauvre fille. Mais comment faire? c'était toujours là la question. Il connaissait l'abbesse; tout était perdu s'il lui faisait une confidence. Mais comment faire rentrer Eugénie au couvent sans que personne s'en aperçût? Et qui savait même si sa fuite n'était pas déjà connue? Dans ce dernier cas, toute ruse semblait impossible, et il ne lui restait plus qu'à faire entrer Eugénie dans un autre couvent; cependant il était possible, probable même, qu'on ignorât encore ce qui s'était passé. Enfin il crut avoir trouvé un moyen qui applanissait toutes les difficultés, et il se mit à rire comme un écolier.

« Oh! oh! se dit-il en lui-même, il me faut autant de ruse et d'adresse pour faire rentrer une religieuse au couvent, qu'il en a fallu à un officier pour l'en tirer. Mais ce monsieur n'est pas un honnête homme ; j'en suis fâché pour les armées du roi. »

Eugénie, interdite du rire bruyant de l'archevêque, après un silence complet, allait peut-être trouver le courage de lui en demander la raison; mais la voiture s'arrêta : on était à la Place-Royale.

« Vous allez m'attendre ici un moment, dit l'archevêque à sa compagne ; je vais revenir, ne soyez point inquiète.

Il descendit, ferma soigneusement la portière, dit quelques mots à son cocher, et disparut dans l'ombre.

« Comment cela finira-t-il ? » pensait Eugénie.

Cependant l'archevêque traversa quelques rues obscures, mais qu'il connaissait parfaitement, et il fut frapper au couvent des Annonciades. Un homme du monde, un pécheur serait fort embarrassé s'il avait à se faire ouvrir à minuit la porte d'un couvent ; il n'en est pas de même d'un archevêque, il sait qu'il y a une sonnette secrette qui arrive directement à l'oreille d'une tourrière, et qui annonce toujours l'arrivée des secours temporels et spirituels, c'est-à-dire la présence du médecin et celle du confesseur. La sœur Sainte-Thérèse, l'imagination encore échauffée de la peur du diable, entendit le son argentin de la clochette, et elle se réveilla en se signant.

« Jésus, Maria, dit-elle, le malin s'amuse-t-il à me tourmenter, et fait-il tinter ma sonnette? va-t-il me traiter comme un autre sain Antoine?

Elle se leva, fit à la hâte sa toilette, et dirigeant sa lampe de manière à ce que les rayons vinssent à tomber sur la personne qui sonnait; elle ouvrit un petit judas et regarda attentivement. Elle vit une soutane violette, un manchon, un chapeau tricorne, une croix d'or qui pendait sur une poitrine.

« Mon dieu! pensa-t-elle, est-ce que le diable aurait pris la figure de monseigneur de Paris?

« — Ouvrez, ma sœur, dit l'archevêque qui aperçut la lumière; c'est moi, c'est votre archevêque.

La religieuse ouvrait de grands yeux pour voir son pasteur, ouvrait de grandes oreilles pour l'écouter, multipliait ses signes de croix, pensant que, si le diable en effet la tentait, la vision s'évanouirait aussitôt.

« Mais ouvrez donc, ma sœur, disait l'archevêque. »

La sœur fut enfin tirer le verrou, et le pasteur entra.

« Ma sœur, dit-il, il faut absolument que je parle à présent même à la mère abbesse; vous sentez que je ne viens pas à cette heure sans une affaire importante.

« — Oui, monseigneur.

« — Allez la réveiller ?

« — Oui, monseigneur.

« — Dites-lui que je l'attends au parloir?

« — Oui, monseigneur.

« — Qu'elle ne fasse aucun bruit,

qu'elle descende seule, et qu'elle se dépêche?

« — Oui, monseigneur.

« — Allez, dit l'archevêque qui vit que la sœur restait devant lui toute ébaubie; allez, allez donc. »

La tourrière partit en trottant menu.

« Mon Dieu, se disait-elle, qu'est-il arrivé? peut-être notre saint-père le pape est-il mort, peut-être monseigneur vient-il nous annoncer la fin du monde. Que les saints anges nous sauvent de la damnation éternelle. »

Elle traversa les longs corridors, et elle fut frapper à la cellule de l'abbesse.

« Ma mère, ma mère, veuillez vous lever; monseigneur l'archevêque est au parloir qui vous attend.

« — Sœur Sainte-Thérèse, reprit l'abbesse, je suis fâchée de vous voir en religion: il paraît que la vocation n'y était pas, ou que les saints vous ont abandonnée. Hier au soir vous avez cru voir le diable; cette nuit vous croyez voir l'archevêque monseigneur de Paris; allez passer une heure à la chapelle, récitez les sept psaumes de la pénitence, dites deux fois le *Miserere mei, Domine*, finissez par un acte de contrition, et allez vous coucher.

« — Ma mère, répondit la tourrière, je ferai ce que vous m'ordonnez : j'irai à la chapelle, mais vous, ma mère, levez-vous, car j'ai vu monseigneur l'archevêque, je lui ai parlé, il a sa croix d'or sur la poitrine : le diable ne porte pas de croix. Il paraît que notre saint-père le pape est mort.

« — Le pape est mort ! s'écria l'abbesse »; et elle se leva quoiqu'il y eût peu de rapport entre la mort du pape et une visite faite à minuit par un archevêque.

Cependant monseigneur se promenait dans le parloir faiblement éclairé par une lampe, et il attendait avec anxiété la présence de la supérieure.

« Encore, se disait-il, si je connaissais tous les détours de cette maison; mais il n'y a qu'une béguine qui ne se perdrait pas dans ces corridors. »

Il examina attentivement le parloir où il se trouvait, d'un côté une grille où apparaissaient les religieuses quand elles recevaient quelques visites; de l'autre, une porte massive qui fermait à double tours, et dont la clef était en dehors; ensuite des bancs circulaires autour des murailles, et une grande image du Christ appendue sur un mur fraîchement recrépi.

La supérieure entra.

« Hélas! monseigneur, dit-elle

encore préoccupée de ce que lui avait dit sœur Sainte-Thérèse, hélas! l'église a perdu son chef spirirel, les chrétiens leur père commun, notre saint-père le pape est...

« — Que me dites-vous là, madame? reprit brusquement l'archevêque, notre saint-père le pape, le chef spirituel de l'église..... Il s'agit bien de cela, vraiment....

« — Ah! mon Dieu! monseigneur, qu'y a-t-il donc?

« — Asseyez-vous, madame, asseyez-vous, » dit l'archevêque en désignant du doigt un des bancs à la supérieure qui se hâta d'obéir. Pour lui, il se promenait dans le parloir, en cachant sa tête dans ses mains ; il passait et repassait devant la lampe, et son ombre se projettait sur la muraille blanche de manière à épouvanter l'abbesse, qui n'osait pas même lever les yeux sur lui ; enfin il parla.

« Madame, dit-il, vous devez penser que ce n'est pas sans un motif très-grave que je viens, à cette heure, troubler le repos du couvent des Annonciades ; mais n'est-il pas vrai que le pasteur doit toujours veiller, parce que l'ennemi des hommes est toujours à tourner autour, cherchant sans cesse quelqu'un à dévorer ?

« — Oui, monseigneur, répondit l'abbesse, qui disait l'office de la

Vierge, et qui en comprenait à peu près quelques bribes : *tanquàm leo rugiens circuit quærens quem devoret.*

« — Fort bien, madame, reprit l'archevêque ; mais vous, vous étiez dans votre lit, et pendant ce temps, l'abomination de la désolation était dans la maison de Dieu, était dans ce couvent. »

Quand on parle à une religieuse de l'abomination de la désolation, elle pense toujours à un homme, je ne sais pourquoi, ou pour mieux dire, je le sais bien.

« Un homme ! monseigneur, s'écria-t-elle en pâlissant, il y a un homme dans ce couvent ?

« — Je ne dis pas cela, madame, je ne dis pas cela; mais écoutez ce qui m'est arrivé, il y a une heure : un jeune officier est venu chez moi c'est un jeune homme honnête, bon, religieux, mais qui vit dans le monde, et qui, hélas! en suit les maximes. Il était à l'Opéra. »

La supérieure se signa.

« Il était à l'Opéra, poursuivit l'archevêque, et il y a vu, mais vu de ses yeux, une de vos religieuses.

« — Une fille bleue à l'Opéra! s'écria la supérieure.

« — Oui, madame, une fille bleue à l'Opéra, répèta l'archevêque d'un ton sérieux; demain, cette nouvelle circulera dans tout Paris, et je vous laisse à penser quel scandale. La religion tombe en ruines, ma sœur; on l'attaque de tous côtés: philosophes, *libertins*, *gens du monde*, tous mettent la main à l'œuvre de démolition; elle périrait, si elle n'était pas immortelle; elle périrait, si elle pouvait périr; et c'est dans un moment semblable que les apôtres de cette religion, que ses ministres, presque, car vous faites partie du clergé, mes sœurs, se livrent à la dépravation, et deviennent des sujets de scandale pour les fidèles : une religieuse à l'Opéra, grand Dieu!

« — Monseigneur, monseigneur, s'écria la supérieure en se tordant les mains, cela n'est pas vrai! cela n'est pas possible! on a surprit votre religion, monseigneur.

« — Cela n'est pas vrai? reprit l'archevêque avec gravité; mais quel intérêt avait ce jeune homme à venir à minuit chez moi, pour me donner une nouvelle semblable? Il n'est venu que pour éviter un scandale à l'église; le mensonge n'a pas cette allure; l'impiété, la calomnie ne viennent pas frapper à ma porte pour me donner un avis salutaire.

« — Monseigneur, dit l'abbesse en se levant et avec des larmes dans les yeux, rendez-vous à la chapelle, je vais y réunir toutes les religieuses;

nous compterons le troupeau, et celle qui manquera sera cette brebis galeuse qu'il faut éloigner du bercail. Après vous aviserez au moyen d'éviter le scandale. Mais, ajoutait-elle, c'est impossible, une fille bleue à l'Opéra! dans ce lieu de perdition éternelle, tandis qu'elles sont toutes dans leur cellule; c'est impossible monseigneur. Je vais sonner les matines, on les dira deux heures plus tôt qu'à l'ordinaire. »

Ce que proposait la supérieure était, en effet, ce qu'il y avait de mieux à faire; mais ce n'était pas le compte de l'archevêque.

« Non, madame, dit-il avec vivacité, cela serait un fort mauvais moyen; il faut que ma conviction soit entière pour que je puisse affirmer à ce jeune homme qu'il s'est trompé, et détruire l'erreur de son esprit, si, en effet, il est dans l'erreur...

« — Mais, monseigneur...

« — Il n'y a pas de mais, reprit brusquement l'archevêque qui venait de prendre un parti et qui voulait l'exécuter sans donner à l'abbesse le loisir de la réflexion; il n'y a pas de mais! combien avez-vous de religieuses?

« — Soixante-huit, monseigneur

« — Et combien de cellules?

« — Quatre-vingt-deux.

« — Celles qui ne sont pas occupées sont-elles ouvertes?

« — Oui, monseigneur.

« — C'est bon, dit-il. »

Et il s'élança hors du parloir, sans plus répondre à la religieuse, qui le poursuivait de ses cris. Comme il tenait la porte dans ses mains et qu'il allait la fermer à double tour, il trouva devant lui la sœur tourrière qui revenait de la chapelle, où elle avait achevé de dire son *Miserere* .

« Entrez, ma sœur, lui dit-il, votre supérieure est là qui veut vous parler. »

La sœur Sainte-Thérèse, ou Sainte Thècle, car on la nommait de ces deux noms, entra sans défiance dans le parloir, et monseigneur ferma la porte à double tour.

« Mon Dieu, ma mère, que nous arrive-t-il cette nuit? dit la tourrière.

« — Je ne sais, ma sœur, dit la supérieure; Dieu nous humilie, il nous châtie.

« — Mais est-ce le diable? reprit la tourrière.

« — Non, c'est monseigneur l'archevêque; mais Dieu veut nous punir; on a vu une de nos sœurs à l'Opéra. »

Et la supérieure tomba à genoux, tandis que la sœur Sainte-Thècle multipliait ses signes de croix et ses oraisons.

L'archevêque avait couru à la porte :

« Pourvu, se disait-il, que la clef y tienne ; si cette tourrière la porte pendue à sa ceinture, je suis perdu et mon officier aussi.

La clef tenait à la porte, et le bon archevêque enfila la rue, parvint jusqu'à la Place-Royale, ouvrit lui-même la portière, et avec l'instinct d'un écolier qui calcule toutes les chances du tour qu'il va jouer à son maître d'étude :

« Venez, dit-il à Eugénie ; mais laissez dans la voiture votre épée et votre chapeau. »

La jeune fille obéit, elle suivit silencieusement son guide, et bientôt ils arrivèrent à la porte du couvent qui était entre-bâillée. Eugénie reconnut le lieu où on la conduisait :

« — Où me menez-vous, monseigneur ? Au couvent ?

« — Oui, ma fille, répondit l'archevêque ; vous avez été trahie, trompée, abandonnée par un homme, *dont* vous reconnaissez maintenant la conduite indigne. N'est-il pas vrai, que si on vous replaçait dans la position où vous vous trouviez ce matin, vous l'accepteriez avec joie !

» — Oui, monseigneur ?

» — Eh! vous y êtes...

« — Mais, monseigneur, la supérieure?

« — La supérieure ne saura rien.

« — Mais, la tourrière...

« — La tourrière n'en saura pas davantage.

« — Les sœurs?

« — Dorment dans leurs cellules. »

Eugénie obéit, et ils entrèrent dans le couvent, dont l'archevêque ferma la porte.

« Maintenant, dit-il à Eugénie, c'est à vous à me conduire, nous allons à votre cellule. »

Ils montèrent sans bruit, ils entrèrent dans la cellule vide; l'archevêque replaça de ses mains le barreau détaché de la fenêtre, et, tant bien que mal, il le fit tenir à côté des autres.

« Souvenez-vous, mademoiselle, dit-il à Eugénie, que vous êtes entrée ici hier au soir à l'heure ordinaire ; vous vous êtes couchée comme vous le faites tous les soirs, et ce qui vous est arrivé, ne vous est point arrivé, seulement vous avez fait un mauvais rêve. Dans quelques jours je reviendrai ; je confesserai quelques-unes des filles bleues, vous serez du nombre. Adieu ; quittez ces habits, revêtez ceux de votre sexe ou du couvent, et couchez-vous ; mais quand vous serez sortie de vos bottes, de vos culottes et de votre uniforme, jetez le tout dans le corridor. »

Cela dit, l'archevêque sortit de la cellule sans qu'Eugénie eût la force d'articuler un mot de remerciment. Monseigneur avait son rôle à jouer ; il fut frapper à toutes les cellules, en disant : *Ave, ma sœur.* Il s'inquiétait peu qu'on lui répondit ou non, il lui suffisait de frapper, et soixante-huit fois son doigt béni vint heurter contre la mince cloison qui le séparait des vierges du seigneur. Enfin, Eugénie entr'ouvrit sa porte et jeta sa défroque militaire au milieu du corridor. Monseigneur y courut, releva le pan de sa soutane violette, et y fourra, bottes, uniforme, culottes, et courut chercher l'escalier à travers les détours du corridor. Il ouvrit enfin la porte du couvent et se trouva dans la rue.

« Monsieur, la charité s'il vous plaît, lui dit un pauvre homme presque nu, qui grelottait à deux heures du matin dans la rue déserte.

« — La charité! as-tu faim?

« — Oui, mon bon monsieur; je n'ai pas mangé hier, et ma femme, mes enfans...

« — Tu as une femme, des enfans, et ils n'ont pas mangé plus que toi?

« — Non, mon bon monsieur.

« — Mais que fais-tu à cette heure dans la rue?

« — Hélas! mon bon monsieur, nous n'avons pas d'asile: ma femme et mes enfans sont sous le porche de Saint-Paul. »

L'archevêque leva les yeux, et à la clarté de la lune il vit un écriteau qui indiquait *maison à louer*. Il soupira en réfléchissant à ce contraste d'une maison vide, qui n'attendait que des locataires, et d'une pauvre famille qui grelottait dans la rue, sans pain et sans asile. Son imagination active lui retraça l'histoire que lui avait contée à souper un de ses convives; l'histoire de trois pâtés de lièvre qui s'étaient gâtés dans une office à côté de deux volailles du Mans.

« Il y avait là, pensa-t-il, un bon souper pour cette pauvre famille, et là il y a un toit.

« — La charité, mon bon monsieur, répétait le pauvre. »

L'archevêque vida sa bourse dans le bonnet crasseux de l'infortuné; puis, considérant les haillons dont il était couvert :

« Tu n'as pas de souliers ? lui dit-il; tiens, prends ces bottes; tu es sans culotte, met celle-ci; ton habit ne couvre pas tes épaules, cet uniforme... »

Le pauvre tendait ses deux mains et reçevait les vêtemens à mesure que l'archevêque les lui présentait ; mais quand il vit l'or des épaulettes, quand il put distinguer le luxe de l'uniforme, le malheureux comprit qu'il ne pourrait pas se couvrir de ces vêtemens :

« Mon bon monsieur, disait-il avec défiance, qu'est-ce qu'on dirait si l'on voyait le pauvre Jacques aller ainsi vêtu par la ville.

« — Tu as raison, répondit l'archevêque en lui tournant le dos. *Eh bien !* tu les vendras. »

Il se trouva que le pauvre homme était un honnête homme, et que sa probité allait embarrasser l'archevêque.

« Monsieur, dit-il en s'accrochant

à la soutane de monseigneur, je ne pourrai pas vendre ces hardes : on me prendrait pour un voleur, ou pour un assassin.» Et il jeta le paquet dans la rue.

M. l'archevêque de Paris était dans un jour où il était écrit qu'il ferait ce que les théologiens appelaient des mensonges pieux. Il releva la tête, enfonça son tricorne sur ses yeux, puis dit :

« Bonhomme, recevez ces hardes et emportez-les, elles sont à vous ; me prenez-vous moi-même pour un voleur ou pour un assassin. Cependant cette délicatesse vous honore, vendez ces hardes sans nulle crainte; si l'on vous demande de qui vous les tenez, citez hardiment M. le marquis de C***; je suis son frère. »

En disant ces mots, monseigneur retira le pan de sa soutane qui était entre les mains du pauvre; il s'échappa, et courut vers le couvent.

« Le marquis de C*** est un bon homme, pensait-il: si ce pauvre diable a la maladresse de se faire arrêter, j'en serai quitte pour tout conter au marquis. Il ne me manquerait plus que d'être arrêté par le guet. »

Le malheur n'arriva pas. Il gagna le couvent, et, ouvrant la porte du parloir, il délivra les deux prisonnières.

« Madame, dit-il à l'abbesse, recevez mes excuses; j'ai frappé à soixante-huit portes et j'ai reçu soixante-huit réponses. J'ai reconnu ensuite que les cellules inhabitées le sont depuis long-temps. Je vais laver la tête à mon officier. Le scandale n'aura pas lieu, madame, et si quelques bruits s'élevaient, nous n'aurions à répondre qu'à des calomnies. Oh! madame, de quel poids je suis soulagé. »

Cela dit, monseigneur donna sa sainte bénédiction aux deux religieuses, et il se hâta de gagner la porte.

« Comprenez-vous, ma sœur, une aventure semblable?

« — Non, ma mère, répondit la tourrière ; il me semble que monseigneur a bien mauvaise opinion de nous, pour avoir des craintes semblables ? continua-t-elle.

« — Chut ! ma sœur, reprit gravement la supérieure : il ne faut pas que nos sœurs soient instruites de tout ceci; je vous défends d'en ouvrir la bouche, que le sujet du scandale demeure parmi nous, et qu'il ne soit pas un objet de mauvaises pensées pour nos sœurs.

« — Mais, ma mère, répondit la tourrière, monseigneur a frappé à la porte de nos sœurs; il leur a parlé : comment expliquerez-vous cette visite à une heure semblable ?

« — Vous avez raison, ma sœur, je n'y songeais pas. Ne dites rien surtout, Dieu m'inspirera et je trouverai moyen d'expliquer cette visite d'une manière naturelle. »

L'archevêque regagna sa voiture, son hôtel, et il suspendit dans sa garde-robe l'épée et le chapeau à plumet d'Eugénie.

CHAPITRE II.

Joseph Buchet fut porté tout sanglant dans la voiture préparée par le vicomte du Terrier, et un long évanouissement l'enleva pendant quelques heures aux scènes diverses qui avaient rempli sa nuit. Le vicomte du Terrier et ses amis se dirigèrent chez le suisse des Tuileries. Là, quand sa première faim fut apaisée, quand le champagne circula s'élançant de la bouteille dans les verres étroits, et quittant tout mousseux les verres avant d'arriver aux lèvres des convives, on se mit à deviser de l'événement. M. du Terrier, sûr de son fait et n'ayant reçu qu'une égratignure légère qui ne pouvait pas l'empêcher de passer sa nuit chez mademoiselle Charlotte, était d'une humeur charmante. Il avait envoyé un mot à madame O'Flahers, qui l'avertissait du succès de son entreprise; et, maniant l'or qui remplissait sa veste, il était comme un spéculateur heureux auquel il ne reste plus qu'à jouir.

« Il faut avouer, dit un des convives, que M. Joseph Buchet se bat bien.

« — Parfaitement, dit du Terrier; il a tenu à fort peu de chose que je fusse à sa place et lui à la mienne.

« — Ma foi, reprit un marquis, si tu t'étais laissé toucher, il aurait soupé avec nous ; nous l'avions promis. »

Le souper s'anima toujours davantage, on parla guerre, finance tiers-état, noblesse; on ridiculisa le roi, on donna des amant à la reine; et enfin quelqu'un s'avisa de dire :

« Mais ce jeune officier avec qui était M. Joseph Buchet, qu'est-il devenu? Comment se fait-il qu'il ne se soit pas enquis de son compagnon? qui est-il?

On chercha parmi tous les officiers; on nomma l'un, l'autre; on se demanda pourquoi Buchet ne l'avait pas pris pour témoin. Et d'induction en induction, on arriva à deviner la vérité :

« Ce n'est pas un officier, dit-on, c'est une femme.

« — Allons donc, pas possible!

« — Pourquoi pas: M. Joseph Buchet est jeune, il devait partir seul pour sa destination, pourquoi n'aurait-il pas amené sa maîtresse?

« — Et la manière la plus commode

de l'amener était de l'habiller en homme, et en officier.

« — Il n'aurait osé.

« — Ah! vraiment oui : c'est cela; il y avait à la porte de l'Opéra une chaise de poste qui les attendait.

« — Mais voyez quelle disposition avait ce Buchet! en vérité, du Terrier a bien fait de l'arrêter par un coup d'épée. Comment, deux duels, un enlèvement! on dirait un Richelieu; cela fait frémir.

« — Un moment : si c'est une femme, que sera-t-elle devenue? Elle doit attendre son vainqueur à l'Opéra, et la voiture de du Terrie n'a pas pris ce chemin.

« — Non, reprit en ricanant du Terrier.

« — Il faut y aller; il faut la consoler et lui apprendre le malheureux sort de son héros; d'ailleurs elle porte notre uniforme : c'est notre camarade.

« — Vous trouverez là une grisette se lamentant.

« — Une grisette, reprit un des convives; elles ont leur mérite. »

Tous se levèrent.

« Messieurs, reprit celui qui avait servi de témoin à Joseph, j'ai assisté M. Joseph dans ce combat malheureux : j'ai crû voir qu'il avait intérêt à ce qu'on ne connût pas la personne qui était avec lui, je tiens à lui garder ma parole jusqu'à la fin. Si j'ai confié sa personne à du Terrier, c'est que du Terrier est un galant homme; sans cela j'aurais fait conduire M. Joseph chez moi. Mais je ne souffrirai pas que vous alliez à l'Opéra

« — Mon Dieu, lui répondit-on, tu fais là de la magnanimité mal à propos; ou il s'agit d'un homme, et alors le mystère tombe et il est fort indifférent que nous sachions ou non qu'il y est; ou il s'agit d'une femme, alors elle est seule, abandonnée, dans un habit d'uniforme, à une heure indue et sans protecteur, alors il convient que nous allions à son aide ne fût-ce que pour la conduire auprès de son ami M. Joseph.»

Ces raisons, si elles n'étaient pas bonnes, étaient au moins spécieuses, et le témoin de Joseph voyant qu'il avait affaire à des jeunes gens à demi-ivres, se garda bien d'y répondre. Mais lui et du Terrier, par des raisons différentes, tirèrent leurs montres : il était une heure après minuit.

A cette heure, nous avons vu que Eugénie était déjà chez l'archevêque.

Cependant, après avoir roulé quelques heures sur le chemin qui conduit en Normandie, Joseph Buchet s'éveilla de son long évanouissement, les yeux alourdis, le pouls fébrile et la langue collée au palais. D'abord il chercha la main d'Eugénie, qu'il tenait quelques heures auparavant ; puis ses yeux voulaient voir les lumières de l'Opéra, son oreille voulait recueillir les sons de la musique ; mais il ne voyait que les ombres transparentes qui passaient devant les carreaux de la voiture, il n'entendait que le bruit des roues et celui des chevaux.

« Ah ! il revient à lui, » dit une voix.

C'était celle du chirurgien qui était auprès de l'infortuné.

Joseph voulut parler, mais il ne le put pas ; il sentit qu'on lui tâtait le pouls, qu'on introduisait dans sa bouche une liqueur rafraîchissante, et que la voiture qui le transportait roulait toujours. Le jour arriva, et avant que le soleil ne fût levé, on lui accorda un repos de deux heures; sa plaie fut bassinée, pansée, et la voiture roula de nouveau; il entendit même le chirurgien qui était auprès de lui, dire au postillon :

« Le matelas que nous avons pris à la barrière est bien placé; ce pauvre diable est assez commodément..... Ah! ah! un furieux coup d'épée; mais la blessure n'est cependant pas dangereuse; je ne crains que l'inflammation. »

Enfin, vers la fin de la journée, Joseph, à qui on mettait un doigt sur la bouche quand il voulait parler, et qui d'ailleurs n'en aurait guère eu la force, arriva devant une espèce de château-fort. On le tira de la voiture où il gisait; on le fit passer sur un pont-levis, et entrer, après avoir passé par plusieurs appartemens, dans une chambre où un lit était préparé. On le coucha, on lui fit avaler une bois son rafraîchissante, et il s'endormi d'un profond sommeil.

A son réveil, il vit auprès de lui le chirurgien qui l'avait accompagné : cet homme, d'un extérieur doux, le regardait fixement, et semblait se préparer à quelque opération : les yeux du chirurgien étaient fixés sur un objet que Joseph n'apercevait pas, et on procéda à la levée du second appareil.

« Bien, très-bien, dit l'homme de l'art, il est hors de tout danger; l'inflammation que je craignais n'est pas venue ; la plaie se cicatrise. Je ne suis plus nécessaire ici ; vous lui ferez suivre un régime fort doux, dès qu'il pourra manger, ce qui ne lui sera guère possible que dans quatre ou cinq jours ; vous mettrez sur la plaie toujours le même onguent, et dans dix jours il sera tout-à-fait hors d'affaire. »

Pendant que ces instructions se

donnaient, on terminait le pansement, et Joseph tomba dans cette prostration de forces qui suit ordinairement cette opération. Il vit que le chirurgien allait s'éloigner; il jugea que, d'après ce qu'il venait de dire, il ne reviendrait plus, et il voulut lui parler pour avoir quelques renseignemens sur Eugénie, sur lui-même, sur ce qui lui était advenu, sur le lieu où il se trouvait; mais il crut parler, et sa faiblesse était telle, qu'il ne le put pas; sa voix resta dans son gosier, et le chirurgien sortit sans avoir seulement remarqué les efforts qu'il avait faits : alors il ferma les yeux, et le délire s'empara de lui. Le couvent où il avait pénétré, l'hôtel du *Roi de Prusse*, l'Opéra, Eugénie revêtue de sa robe bleue, de son uniforme ; ensuite M. le vicomte du Terrier, les deux épées dont, au milieu d'un cercle de bougies, il avait vu briller l'acier, tout se mêla, tout se confondit dans son esprit, et il prononçait faiblement quelques mots sans suite, ou bien il ouvrait les yeux pour ne pas voir les images que lui présentait le demi-sommeil du délire.

Enfin, après quatre jours de douleur et de fièvre, ne recevant d'autres soins que ceux du domestique négligeant qui était auprès de lui, il put parler et s'expliquer autrement que par des signes. Mais l'homme qui le servait n'avait jamais mis les pieds à Paris, il ne connaissait ni le couvent des Annonciades, ni Eugénie, ni l'Opéra; tout ce qu'il put apprendre à Joseph, c'est qu'il se trouvait dans un château appartenant à M. du Terrier, situé auprès d'un petit bourg de la Normandie, à vingt lieues à peu près de Paris; que lui s'appelait Mathurin Grignou; que de père en fils les Grignou étaient au service de la famille des du Terrier, et que le jeune-homme (c'est ainsi qu'il appelait M. le vicomte), l'avait chargé, par l'intermédiaire de son valet de chambre, de veiller sur le blessé. Il ajouta que Pierre Chotard, Claude Casquet, Jérôme Levaillant et Barnabé Darion, tous quatre attachés à la famille du Terrier, avaient reçu la même charge, et il donnait sa parole d'honneur que tous feraient leur devoir.

Joseph se résigna, chose qui paraît difficile quand on est libre, bien portant et loin du malheur; mais qui est toute simple et toute naturelle quand on n'a pas d'autre parti à prendre. Malgré les soins grossiers qu'on lui donnait, il guérit, et, à ce qu'il put apercevoir, à ce qu'on lui laissait voir du lieu qu'il habitait, il put se convaincre qu'il était dans un château qui saurait parfaitement garder son homme : fossés, ponts-levis, fenêtres grillées, rien n'y manquait; c'était une petite Bastille de province qui était encore plus cruelle que celle de Paris, en ce que personne ne se doutait de son existence. Il comprenait qu'une seule personne, hors les valets dont il était entouré, connaissait sa retraite : c'était le chirurgien qui lui avait donné les premiers soins; mais cet homme, sous un autre nom, n'est-il pas un valet lui-même de celui qui le persécutait? Il voulu parler à ses gardiens; il voulut leur dire qu'il était retenu illégalement, pour le bon plaisir d'un homme qui, dans l'état, n'avait pas plus de pouvoir que lui, qu'eux; il leur dit qu'il y avait un roi en France, qu'il y avait des magistrats, qu'il y avait une justice. Les gardiens ne connaissaient que le pouvoir seigneurial de M. du Terrier, ne connaissaient que le pouvoir de M. du Terrier, et pensaient que M. du Terrier pouvait seul les faire emprisonner, les faire battre, les faire pendre. Hélas! c'était encore vrai.

« Je suis donc tombé sous les coups de cette noblesse, pensait Joseph; après avoir répandu mon sang, ils m'ont enlevé du milieu de la société, ils m'ont fait disparaître de la terre. Eh! que ne m'ont-ils achevé quand je suis tombé tout sanglant sous leurs coups : il paraît qu'ils l'auraient pu ! Ils sont les maîtres : ils disposent de la vie des citoyens, sans que l'état leur demande compte du sang versé. Je suis ici renfermé dans ces pierres muettes, parce que c'est le bon plaisir de M. le vicomte du Terrier ; s'il le voulait, il enverrait un de ses gens qui m'égorgerait, ou bien il viendrait lui-même ; cela lui serait fort aisé, il n'aurait qu'à le vouloir. Ne peuvent-ils pas tout ces nobles ? ne sont-ils pas tout ? et nous rien. O Eugénie ! Eugénie !... ils m'ont arraché à toi, par la ruse et par le meurtre, qu'es-tu devenue ? à quelles injures, à quelle misère, à quelle ignominie as-tu été livrée ? »

A ces pensées, il se battait la tête contre contre les murailles, ou bien il voulait tomber sur les gardiens et les terrasser ; mais il était seul, sans armes, faible et convalescent, contre cinq gaillards robustes, vigoureux comme des Normands, et armés comme des contrebandiers.

Cependant quelque chose lui disait qu'il n'était pas fait pour mourir dans cet ignoble et féodal repaire ; quelque chose lui disait que la France n'était pas faite pour languir comme un esclave sous le joug de la noblesse et du clergé ; que la voix du peuple se leverait, se ferait entendre, et qu'à son cri puissant les murs de sa prison, et bien d'autres aussi, tomberaient.

Comme les forces lui étaient revenues, que son œil s'animait de nouveau et que ses joues se coloraient, ses gardiens pensèrent qu'il était convenable d'exécuter à la lettre les ordres de M. le vicomte, dont on s'était relâché par humanité pour un convalescent : on le claquemura donc dans un donjon du château dont la porte était épaisse et bardée de fer, et on lui fit passer du pain noir, de l'eau et quelques légumes à travers les barreaux d'une fenêtre grillée.

CHAPITRE V.

Eugénie, accablée de honte, de douleur et de repentir, se jeta sur le lit qu'elle croyait avoir quitté pour ne plus le revoir, et pleura amèrement.

« Joseph m'a trahie, se disait-elle, cet ami de toute ma vie, ce jeune compagnon de mon de enfance m'a conduite au bord d'un précipice, m'y a poussée, et s'est enfui !... »

Elle était dans un de ces momens où on ne croit plus à rien dans le monde, ni à la vertu, ni à l'amitié, ni à l'amour même. Dans une situation pareille les âmes fières et fortes se raidissent et ne cherchent de consolations qu'en elles-mêmes ; les âmes tendres, bien que fermes, cherchent un appui pour se soutenir, et Eugénie, d'après l'éducation qu'elle avait reçue, la maison où elle se trouvait, et l'habit qui la recouvrait de nouveau, ne vit que la religion qui put la consoler.

« On ne sait rien de mon évasion, pensa-t-elle; on ne la connaîtra jamais; que ce soit un secret entre dieu, le bon archevêque et moi. »

Il faut avouer que sauvée miraculeusement de la honte, du déshonneur, par la charité chrétienne de monseigneur de Paris, elle se trouvait sous l'influence immédiate d'un service immense, et que la reconnaissance seule pouvait la porter à s'ensevelir dans le cloître où elle était revenue; elle se croyait aussi sous l'influence de la nécessité.

« Que ferais-je dans le monde? pensait-elle. Il me faudrait tromper ou subir l'ignominie d'un aveu, et jamais je ne me résoudrai ni à l'un ni à l'autre. »

Cependant, accablée de fatigue, elle s'affaissa sur son lit et s'endormit. Le lendemain elle se hâta de parcourir les lieux que, quelques heures auparavant, elle avait foulés avec le traître qui l'abandonnait. Elle ne vit nulle trace d'évasion; seulement elle aperçut Mignon qui ronfflait au soleil et ne paraissait pas prêt à interrompre encore son sommeil pesant. Elle se présenta chez la supérieure qui la reçut très-bien; elle considéra avec attention la figure des vieilles religieuses, et l'air occupé des jeunes sœurs qui passaient pour être dans l'intimité de la supérieure et dans les secrets du couvent : elle remarqua avec effroi qu'un secret était au fond de tous les cœurs et qu'on se le disait à l'oreille. Comme elle était aimée, et qu'on ne la regardait pas comme une étrangère, elle finit par avoir part à la confidence : sœur Sainte-Camille voulut bien la mettre au fait.

« Figurez-vous, ma sœur, lui dit-elle, qu'il est arrivé cette nuit deux événemens bien extraordinaires dans le couvent.

« — Comment cela, ma sœur ?

« — Oui, le diable et monseigneur l'archevêque sont venus dans le couvent.

« — Ensemble ?

« — Non ; le diable d'abord. Il s'est montré à la sœur tourrière, et monseigneur l'archevêque est venu voir la mère abbesse.

« — A minuit ?

« — Minuit ou une heure ; mais n'avez-vous pas entendu cette nuit frapper à votre porte, et une voix, rude, colère, vous dire : *Ave, ma sœur.*

« — Je crois que oui, en effet..

« — C'était la voix de monseigneur l'archevêque ; pour moi, j'achevais mes litanies, ayant à chasser quelques mauvaises pensées, et elle m'a fait frémir !

« — Mais pourquoi monseigneur chez nous à pareille heure? dit Eugénie avec simplicité.

«—Eh! voilà, ma sœur... Il paraît qu'on est allé dire à monseigneur qu'une de nos sœurs..., une de nous, avait été aperçue dans une loge à l'Opéra..., et monseigneur est accouru.... Comme si c'était possible, comme si nous pouvions quitter notre sainte demeure.»

Eugénie avait intérêt à savoir précisément ce qu'on pensait dans le couvent de l'histoire qu'il avait plu à l'archevêque de conter à la supérieure, et elle continua ses questions.

«Mais, ma sœur, dit-elle à la sœur Sainte-Camille, puisque l'archevêque sur le simple récit qu'on lui a fait, a cru devoir se transporter ici en toute hâte, il faut que cela ne soit pas aussi impossible que vous le dites ? »

Sœur Sainte-Camille réfléchit quelques momens ; ensuite elle répondit d'une manière qui prouve combien on raisonnait juste dans les couvents, quand on y raisonnait sur des choses qui touchaient à l'intérêt particulier.

« Ma sœur, dit-elle, il est impossible, en effet, qu'une de nos sœurs ait été à l'Opéra cette nuit. Mais il y a deux choses possibles : la première, c'est que quelque femme abandonnée de Dieu, ait, dans ce temps où l'impiété marche le front levé, pris notre saint habit pour se prostituer dans un lieu maudit, et alors que pouvons-nous? rien : si ce n'est gémir et arroser de nos larmes les saints autels.

« — Et la seconde? dit Eugénie. »

La jeune sœur hésita ; enfin, rassurée par l'habit de fille bleue dont Eugénie était revêtue, elle lui dit :

« La seconde, c'est que cela ne soit point vrai, et qu'on ne l'ait point dit à l'archevêque.

« — Et moi, je vous assure, dit Eugénie avec feu et avec plus de franchise que de prudence, que cela est vrai... Il est impossible, dit-elle encore en se reprenant, que monseigneur l'archevêque en ait imposé... »

La sœur Sainte-Camille leva les épaules.

« Le couvent est riche, dit-elle, et le clergé a toujours été jaloux des couvens riches. Il faut nous trouver une faute pour nous ôter un privilége, et vous voyez qu'on nous suppose les torts les plus invraisemblables. »

Eugénie se tut; elle n'avait rien à répondre.

Dans le couvent, on remarquait avec peine que la jeune fille était devenue plus triste et plus soucieuse qu'à l'ordinaire : il y avait une raison naturelle à assigner à cette tristesse ; mais un événement, qui surprit toutes les religieuses, dérouta toutes les suppositions. On ne pensait plus à la visite nocturne de l'archevêque, ni au diable qui s'était montré à sœur Sainte-Thérèse, lorsque madame O'Flahers vint voir sa fille.

« Mademoiselle, lui dit-elle devant la supérieure, remerciez madame de ses bontés pour vous, et quittez cet habit, je vous viens chercher.

« — Madame, lui répondit Eugénie, je ne vous suivrai pas ; mon choix est fait : je reste parmi ces dames, et, si j'en obtiens l'agrément, je ferai mes vœux. »

Madame O'Flahers resta muette d'étonnement; un sentiment de joie involontaire se répandit sur les traits de la supérieure qui ne douta pas que cette conversion et cette vocation subites ne fussent dues à ses prières.

« Ma fille, dit madame O'Flahers quand elle fut revenue à elle, songez à ce que vous voulez faire. Vous craignez, je le vois, qu'on ne vous force à épouser M. O'Connor, votre cousin; nous désirons ce mariage, il est vrai, mais je vous assure que nous n'emploierons pour vous y contraindre aucune violence : vous serez libre d'agir suivant votre volonté. Votre père et moi allons quitter Paris ; déjà nos biens ne sont plus en France. M. le comte prévoit de grands orages; nous ne sommes pas précisément Français, et aucun devoir impérieux ne nous ordonne de nous sacrifier pour le roi. »

La famille O'Flahers se souvenait un peu tard qu'elle n'était pas française ; du reste, on sait qu'elle ne fut pas la seule à fuir et à abandonner Louis XVI. Madame la comtesse continua :

« Venez donc, mademoiselle, quittez la France avec nous ; suivez votre père, je viens vous apportez ses ordres. »

Le ton de madame O'Flahers n'était guère propre à changer la détermination d'Eugénie ; mais elle avait des raisons qui n'auraient pas cédé à la persuasion, ni même à toutes les prières de la tendresse maternelle; la jeune fille fut inébranlable. M. le comte O'Flahers vint à son tour, et ne fut pas plus heureux. Ils laissèrent donc leur fille au couvent, et hypothèquèrent sa dot à venir sur leur hôtel, le seul de leurs immeubles qui ne fut point vendu.

« Ma fille, disait la supérieure à Eugénie en la regardant avec ses petits yeux ronds, Dieu vous a touchée, je le savais ; certes je ne suis qu'une pécheresse, mais peut-être dois-je m'attribuer ma petite part de ce miracle, car j'ai bien souvent prié Dieu pour qu'il arrivât. »

Eugénie ne répondit rien, mais elle assura la supérieure de l'exactitude qu'elle mettrait à remplir tous ses devoirs de novice; et le jour où la sœur Sainte-Eugène devait prononcer ses vœux, fut fixé à un an. Hélas! il devait se passer bien des choses jusque là.

Cependant Eugénie languissait, ses joues pâlissaient et se creusaient, des teintes violacées s'étendaient sous ses yeux, ses lèvres étaient pâles, et elle éprouvait ce malaise général qui est le précurseur d'une grave maladie, ou les symptômes d'un changement notable dans la constitution. Elle pensait que les peines de l'âme brisaient son corps. La supérieure la grondait doucement.

« Je vous défends, ma fille, lui disait-elle, de jeûner, de vous macérer, de prier long-temps dans votre chambre ; je vous ordonne, le sommeil, l'appétit et la gaîté.

Sœur Sainte-Camille, qui voyait que Eugénie fuyait les amusemens innocens du cloître, les entretiens si chéris des religieuses, et jusqu'aux confitures sèches et aux pralines de la supérieure, lui disait doument :

« Ma sœur, pourquoi ces chagrins et ces pleurs continuels ? pourquoi aussi prononcer vos vœux, comme vous en avez le projet ? Il paraît que vous avez quelque peine secrète que vous ne dites pas. Si vous voulez m'en faire confidence, je vous dirai mon secret. »

Mais une promesse semblable, qui n'est jamais faite en vain dans un couvent, n'avait pas la puissance d'exciter la curiosité d'Eugénie. Alors la jeune religieuse contait une jeunesse dont on ne lui demandait pas les secrets : c'était, comme c'est toujours : des cheveux blonds, des yeux bleus, et un menton où cotonnait à peine une barbe naissante ; ou bien des yeux perçans et noirs comme ceux de l'aigle, une chevelure comme l'aile du corbeau, de petites moustaches noires qui paraissaient à peine, et puis une main serrée, malgré l'œil vigilant d'une mère, des lettres reçues furtivement, et les promenades sous les arbres touffus : les rendez-vous sous les berceaux odorans, sous les bosquets solitaires, depuis le commencement du monde, favorables aux amours.

Cependant le temps s'écoulait, la tempête révolutionnaire grondait, non plus au *loin*, mais sur la tête des privilégiés, qui allaient voir tomber leur règne trop long et trop odieux. Le couvent entendait retentir tous ces bruits, et on s'y occupait de politique. D'abord les vierges du Seigneur ne s'occupèrent de ces détails du monde qu'avec hésitation et scrupule; elles se demandaient si des intérêts temporels devaient interrompre leurs méditations et leurs prières ; ensuite, quand tout fut remis en question, car elles virent qu'elles-mêmes seraient comprises dans la vaste ruine qui se préparait, l'intérêt personnel servit de transition naturelle à leur préoccupation. C'était alors une chose curieuse à voir que l'intérieur d'un couvent.

Mettez une vieille religieuse, courbée par l'âge et pâlie par les macérations et la virginité forcée de toute sa vie, en regard d'une jeune sœur alerte et fringante, rose encore comme un bouton qui va s'épanouir, avec un jeune cœur et de jeunes pensées qui ne peuvent pas s'arrêter sur les méditations du couvent ; ajoutez qu'on l'a renfermée dans les murailles du cloître, dans l'habit religieux, dans le scapulaire consacré, non pour obéir à une vocation ascétique, mais pour enrichir une famille avare et ambitieuse, un frère égoïste ; entre ces deux femmes jetez ensuite ces questions :

« A-t-on le droit de faire des vœux éternels ?

« Des vœux forcés, ou surpris à l'ignorance de la jeunesse, sont-ils écrits dans le ciel, et lient-ils sur la terre? »

Et vous verrez la vieille religieuse augmenter les rides de son front et la jeune sœur entr'ouvrir mollement ses lèvres plus roses et plus purpurines : dès ce moment, vous aurez deux factions, deux camps, deux désirs, deux volontés, des vœux différens. Or, ces questions et bien d'autres étaient agitées, et elles étaient venues troubler toutes les imaginations du couvent des Annonciades. Sœur Sainte-Camille s'en occupait beaucoup, et elle en avait déjà parlé à son confesseur. La supérieure gémissait en jetant les yeux sur les colombes qui allaient s'envoler. Pour Eugénie, elle semblait indifférente à ce qui se passait autour d'elle; une plus grave préoccupation l'occupait entièrement.

Depuis long-temps sa santé s'était dérangée ; ses nuits étaient sans sommeil, ou agitées par des rêves fâcheux ; elle avait perdu l'appétit, et était sujette à de fréquens évanouïssemens...... Que signifiaient tous ces symptômes ? Le souper de l'hôtel du *Roi de Prusse* ne lui paraissait pas devoir s'y rattacher. Cependant un jour, agenouillée devant l'autel de la Vierge, elle crut sentir en elle-même des tiraillemens inconnus : alors elle comprit tout, tout revint se présenter à son esprit, et elle se retraça les plus minutieuses circonstances de la nuit cruelle de son évasion. Un aboiement de Mignon, dont les cris pénétrèrent jusqu'à la chapelle, la fit tressaillir.... Elle était enceinte! Que le temps fut long à sa douleur! Que de projets insensés, que de déterminations prises, reprises et rejetées! Que de feintes, que de soins pour cacher son état sous les amples plis de sa robe bleue! Elle voulait écrire à l'archevêque, et le prier de venir au couvent. Il l'avait déjà sauvée du déshonneur, il sauverait encore un enfant innocent, soit en plaçant la mère dans quelque maison retirée, soit en emportant la pauvre créature dans les pans protecteurs de sa soutane; mais l'archevêque était dans une maison de campagne éloignée de Paris, et il ne devait la quitter que pour visiter quelques diocèses voisins. Enfin, comme dans chaque situation de la vie, il arrrive que la force, le courage et le secours nécessaires viennent au moment même, elle prit le parti de laisser faire au temps, et d'attendre. Déjà plusieurs fois elle s'était bien trouvée d'un parti semblable.

Tout passe, tout s'écoule, et les eaux d'un torrent et le cours rapide des mois; une douce nuit, au milieu du calme et du repos d'un premier sommeil, Eugénie poussa des cris violens, et rassembla autour d'elle toutes les religieuses éplorées. Cette fois, ce n'était plus un archevêque qui venait troubler la solitude d'un cloître, et présenter aux murs étonnés d'un parloir un spectacle inaccoutumé ; c'était bien pis, ma foi : c'était un homme qui entrait dans la vie par le chemin ordinaire, mais qui ouvrait pour la première fois ses yeux dans la cellule d'une Annonciade ! Tout vint à bien. Au milieu de toutes ces filles ignorantes des choses de ce monde, se trouvaient plusieurs veuves très-expérimentées qui, toutes rougissantes du scandale, soignèrent la mère et l'enfant.

« Eh bien! ma sœur, disait une jeune nonne, sœur Sainte-Eugénie a fait un enfant?

« — Elle a fait un enfant toute seule! » reprenait une autre.

Une troisième, plus expérimentée, levait les épaules.

« — Est-ce que ce serait encore le Saint-Esprit.

« — Sœur Sainte-Eugénie est très-dévote à Saint-Jean.

« — Mes chères sœurs, disait en baissant les yeux une fille bleue à la mine éveillée, c'est une très-grande erreur que de croire que les enfans se font tout seuls, et avant d'entrer en religion, j'avais dans le monde une amie qui n'en fit un que parce qu'elle avait un petit cousin. »

Une fois qu'il fut convenu dans le couvent qu'un homme était absolument nécessaire pour faire un enfant, on en tira la conclusion nécessaire que, puisqu'Eugénie n'était pas sortie depuis dix ou onze mois, *il y* avait un homme dans le couvent des Annonciades! Un homme en fille bleue! Un homme avec le béguin et la longue robe! Alors il fallait voir l'effroi curieux et simulé des jeunes sœurs, la sainte indignation des vieilles, le regard défiant et malin avec lequel on poursuivait celles à qui la nature avait donné de petites mouches. On se livra à mille conjectures, et plus d'une jeune fille, dans le secret d'une alcôve, fut avec sa compagne se livrer à un examen détaillé, heureuse peut-être si elle eût trouvé le coupable.

L'abbesse se retira seule et pensive dans sa cellule, et se mit à réfléchir sur l'événement. De croire à un miracle, à l'apparition du Saint-Esprit, à la venue d'un ange, à l'amour divin et mystérieux de quelques jeunes saints du paradis, cela n'était pas possible. Cependant l'enfant était fait, on pouvait l'entendre crier dans la cellule d'Eugénie, le voir dormir doucement, et déjà prendre le sein de sa mère. Eugénie se taisait, elle n'avait pas dit un mot qui pût la trahir ou dévoiler son séducteur; il était probable que M. et madame O'Flahers ignoraient cet événement, et d'après le caractère ferme d'Eugénie, elle garderait son secret. L'abbesse interrogea sœur Sainte-Thérèse: celle-ci ne savait rien. Cependant elle rappela à l'abbesse que, neuf mois auparavant, elle avait vu le diable, et puisqu'il était venu dans le couvent, qui savait ce qu'il y avait fait, excepté, peut-être, sœur Sainte-Eugénie?

L'abbesse rejeta cette supposition, puisque, dans cette affaire, elle n'admettait ni les anges, ni les saints, elle pouvait aussi répudier le diable; mais ce souvenir de sœur Sainte-Thérèse lui remit en mémoire la visite de l'archevêque qui avait eu lieu précisément cette nuit là, ce qui était au moins singulier.... Si monseigneur était le père de l'enfant? se dit-elle. La chose était en effet possible, mais non vraisemblable; monseigneur de Paris était un homme âgé, de mœurs pures; Eugénie était une fille noble, riche, bien élevée : il fallait supposer dans l'un une dépravation de mœurs qui n'existait pas; dans l'autre, des vices qu'elle n'avait pas. Une passion n'était pas possible non plus, une passion exige des soins, de l'assiduité, des mesures faciles à prendre, et qui, certes, avaient été négligées. L'archevêque n'avait vu Eugénie qu'un instant, s'il l'avait vue. Elle renonça donc à ses idées; et même, si elle avait pu croire à un désordre pareil, elle l'aurait tenu caché. Voici par quelles prévisions personnelles: la révolution arrivait à grands pas, de toutes parts des clameurs s'élevaient contre le clergé, contre les maisons religieses; on en voulait surtout aux grands biens que possédait cette classe nombreuse. « Quel besoin ont de tant d'or, de tant d'argent, de tant de revenus, des gens qui ont renoncé au monde et ont fait vœu de pauvreté? disait-on; ils font des aumônes, mais pourquoi ne pas rendre au commerce et à l'industrie leurs immenses terres, leurs belles forêts et tous les trésors qu'ils accumulent et entassent; ce que demande le pauvre, ce n'est pas l'aumône, mais du travail. »

L'abbesse sentait ce que ces raisonnemens avaient de *juste*, et surtout ce qu'*ils* avaient de péremtoire pour ceux qui les faisaient.

Voilà pour les gens raisonnables, pour ceux qui prétendaient à l'absence de toute passion et à une logique exate ; pour le peuple, c'était autre chose, les couvens étaient comme l'enfer du Dante ou comme celui de l'Ecriture, où habitait une sempiternelle horreur, d'où l'on ne sortait jamais et à la porte desquels s'arrêtait l'espérance. On parlait de ses tortures, de ses cachots infects, de ses *In pace;* la moindre faute y était, disait-on, punie comme le sont les crimes dans la société : la mort la plus lente et la plus cruelle expiait les crimes. Il fallait donc pouvoir opposer des faits à des opinions semblables, et Eugénie venait d'en fournir les moyens.

« Vous parlez de notre intolérance, de notre rigueur, disait l'abbesse, voyez, voici une religieuse qui a violé ses vœux, ou si vous voulez ses promesses, même en jugeant avec la morale du monde, en la jugeant comme un père, comme une mère jugerait leur enfant, elle s'est déshonorée; un père et une mère auraient peut-être puni, nous avons pardonné : voilà la mère, voilà l'enfant. Eh bien, où sont les cachots ? où est le pain noir et moisi? La mère est dans une bonne cellule bien clause; l'enfant est dans des langes bien chauds : qu'avez-vous à dire ?

C'était adroit, c'était habile, et cela s'accordait aussi avec le caractère de l''abbesse qui était indulgente et douce, de façon qu'elle eut peu de peine à prendre ce parti politique ; il lui fut peu difficile de retenir sa curiosité et de ne pas adresser une question à Eugénie. Cependant elle s'y résolut, jamais un mot indiscret n'échappa à aucune sœur, et la jeune mère put se livrer à toute sa tendresse maternelle, sans avoir à rougir d'une question indiscrète, ou d'un reproche indirect.

Le confesseur des saintes filles fut mis dans la confidence ; il approuva la conduite de l'abbesse et baptisa l'enfant, qui, devant être le sauveur des filles bleues, s'appela *Emmanuel.*

Voilà ce qui fit l'approche de la révolution de quatre-vingt-neuf dans le couvent des Annonciades, et puis qu'on nie ses bienfaits, qu'on désavoue ses miracles !!!

CHAPITRE VI.

Joseph était entièrement remis de sa blessure : la petite cicatrice triangulaire qu'il portait au flanc gauche était nette et dessinait son zigzag blanc sur sa peau colorée, ses forces, bien qu'elles se consument dans une prison qui ne ressemblait pas mal à un cachot, étaient entières; mais cette santé physique donnait plus de violence encore à ses peines morales. Qu'était devenue Eugénie? sans doute elle avait revu ses parens; après avoir passé par des positions humiliantes, on l'avait amenée en Irlande, dans cette Irlande dont on la menaçait, et où elle avait cédé aux vœux de sa famille en épousant un O'Connor, où elle était en butte aux mauvais traitemens de sa mère, et à la sévérité de son père. D'ailleurs Eugénie devait tout ignorer : duel, blessure et enlèvement; alors elle le regardait comme un traître, comme un monstre qui l'avait entraînée au milieu du danger et l'y avait abandonnée. Il avait un seul espoir, et il ne s'y livrait qu'en tremblant, c'était qu'Eugénie fût parvenue à rejoindre Jérôme Duclos, et à vivre auprès de Rose; là on lui dirait combien lui Joseph aimait Eugénie, tous les sacrifices qu'il était prêt à faire pour la rejoindre. Alors Jérôme verrait son son père, s'informerait de son tort et parviendrait peut-être à découvrir sa retráite; mais les jours s'écoulaient, les mois se succédaient, et il en était réduit à regarder comme des jours heureux ceux où il avait vu la figure d'un de ses gardiens.

Enfin, un jour il s'aperçut que sa

pitence était meilleure : on avait remplacé les légumes communs qu'on lui servait ordinairement par un gros et gras chapon de Normandie, soigneusement entouré de cresson et cuit à point; le mauvais cidre qu'on lui faisait passer à travers les barreaux de son cachot avait disparu et fait place à une bouteille d'excellent vin. Joseph, rendant grâce à Dieu, reconnut les traces d'une main amie, espéra un meilleur avenir, et pour la première fois, depuis bien long-temps, fit un bon dîné.

Qui n'a connu les sombres pensées d'un estomac vide, ou celles qui suivent un mauvais repas, se sont des visions décourageantes, quelquefois des idées de mort; mais lorsqu'au contraire un vin généreux vient ranimer le sang qui coule dans les veines, quand une chair succulente remplit l'estomac et porte une vie plus active dans les organes, alors on oublie le passé, le présent se collore et l'avenir s'embellit : on éprouve cet état même quand on est amoureux, éloigné de sa maîtresse et renfermé dans une prison; c'est ce qu'éprouva Joseph. Il dormit bien, ses songes furent heureux, et à travers la lucarne de son donjon le soleil lui apparut plus beau. Aussi le lendemain, quand son gardien se présenta à sa porte, il ne fut point étonné, on aurait dit qu'il s'y attendait. Celui-ci s'assit tranquillement auprès de lui, sans armes, sans défiance, avec un air humain et bon il lui demanda d'abord s'il avait été content de son dîner.

« Parfaitement, répondit Joseph.

« — Mais est-il vrai, monsieur, que vous soyez officier ?

« — C'est très-vrai, dit Joseph.

« — Ah! monsieur, continua-t-il, si vous saviez ce qu'on dit, si vous saviez la nouvelle arrivée de Paris. »

Joseph avait envie de sauter sur son gardien, de le terrasser, de prendre ensuite la porte, d'enfermer son homme et de s'en aller.

La chose paraissait facile, à voir l'air contrit et abattu du paysan; mais il se contraint, et se laissa raconter les nouvelles du jour.

La révolution de quatre-vingt-neuf avait éclaté, la Bastille était prise! Le peuple enfin avait reconquis ses droits méconnus depuis si long-temps, et l'homme qui lui parlait réclamait ses bontés et lui demandait seulement de ne pas le dénoncer : c'était le vicomte du Terrier qui avait tout fait, c'était le vicomte qui seul était coupable. Joseph dit qu'il pardonnait, mais à une seule condition! il voulait un cheval, un cheval pour retourner à Paris. Le fin Normand y avait pensé:

il y avait un cheval tout sellé, tout bridé dans la cour du château. Joseph, haletant de joie, descend les marches obscures de son donjon; il est dans la cour; il s'élance sur le gros cheval de charrette qu'on lui a préparé. Le pont-levis est baissé, et le voilà sur le chemin de Paris, au lourd galop du bucéphale normand.

Au milieu de ces verts pâturages qui enrichissent la Normandie, dans une route alors mal entretenue, il rencontra un léger phaéton qui paraissait voler tant sa course était rapide; l'Antomédon qui le conduisait lève la tête et reconnaît Joseph.

« Ho! hé! Joseph, Joseph, mon

ami, c'est moi, c'est Jérôme, ne me reconnais-tu pas? »

Joseph arrêta son coursier; Jérôme Duclos, car c'était lui, saute à bas de sa légère voiture, et les deux amis se jettent dans les bras l'un de l'autre.

« Eh bien, Joseph, tu reviens donc des Etats-Unis ou de Copenhague! Ma foi, tu reviens à propos; et madame Buchet, comment se porte-t-elle? Rose est toujours un bijou, et j'ai une jolie fille, si tu as un garçon, nous les marierons? »

Joseph ne savait comment arrêter les flots de ces questions pressées, qui toutes réveillaient chez lui une douleur.

« Mon bon Jérôme, lui dit-il, je reviens de prison. »

Alors Joseph raconta son aventure, comme quoi il avait conduit à l'Opéra Eugénie habillée en officier, et comme quoi M. du Terrier l'avait appelé en duel, l'avait blessé et fait renfermer dans un château dont à peine il venait de sortir.

« — Mais toi, lui dit-il, n'as-tu pas vu Eugénie? J'avais pensé que seule, abandonnée, elle avait été se réfugier dans ta demeure, auprès de Rose, et que tous, bien persuadés que je n'avais pas pu avoir le tort dont je paraissais coupable, vous aviez pris pour me retrouver tous les moyens possibles.

« — Moi, reprit Jérôme, lorsque je t'eus donné une femme, car je suis pour quelque chose dans l'enlèvement, je rentrai chez moi et je trouvai un héritage; il fallut partir pour le recueillir, et dès le soir même Rose et moi quittâmes Paris. Nous ne doutions pas de ton bonheur, tout était fait, et durant la route Rose et moi faisions les plus belles suppositions sur votre vie à venir. Lorsqu'après quelques mois nous retournâmes à Paris, nous ne fûmes étonnés que d'une chose, c'est de ne pas recevoir de tes nouvelles; je fus chez ton père, il n'avait pas entendu parler de toi. Rose disait que l'amour heureux oublie tout, et que ce silence était naturel; mais moi, j'étais inquiet. Je fus dans la rue de l'Université et je pénétrai dans l'hôtel de M. O'Flahers; je sus seulement qu'il était parti avec sa femme et toute sa maison.

« — Et sa fille! s'écria Joseph.

« — On ne put rien me dire d'elle: on ne l'avait pas vue.

« — Ah! dit Joseph, elle aura été les retrouver, se jeter à leurs pieds, et ils l'auront forcée de prendre avec eux le chemin de l'Irlande. »

Cependant Joseph avait abandonné son cheval, qu'on laissa libre de reprendre le chemin du château de M. le vicomte du Terrier, ou de paître l'herbe grasse et fournie de la Normandie, et il était monté dans le phaéton de Jérôme. Celui-ci, heureux et content, venait de terminer au Hâvre une affaire avantageuse, et il allait donner à Paris une nouvelle activité à ses forges.

« Enfin, disait-il à Joseph, tu vas te venger de cette noblesse qui t'a fait tant de mal : tu pourras reprendre le rang dont elle t'a repoussé, et tu retrouveras Eugénie.

« — Je ne veux point me venger, répondit Joseph, cela serait maintenant trop facile. Tant que j'ai été heurté, blessé, j'ai lutté; maintenant je ne demanderai qu'à jouir des avantages nationaux auxquels j'ai droit, auxquels nous avons tous droit; d'ailleurs, Jérôme, je me souviendrai toujours que si la noblesse m'a fait du mal, elle m'a fait du bien aussi : je lui dois mon éducation, je lui dois mon Eugénie. »

Jérôme était beaucoup plus avancé que son ami dans les principes républicains ; il le regarda de travers et lui dit sérieusement :

« Joseph, est-ce que tu serais un aristocrate ? »

Ils arrivèrent à Paris : toute cette ville se remuait pour la liberté ; la cour commençait à fuir épouvantée ; mais le peuple n'avait pas besoin de cour, bientôt même il n'aurait plus besoin de roi ; les gentilshommes quittaient les armées, les colonels désertaient leurs régimens.

« Ils seront bien étonnés, disaient-ils, messieurs du tiers, quand nous ne voudrons plus nous mêler de leurs affaires; comment feront les soldats quand nous ne serons plus à leur tête? »

Les soldats se passèrent d'eux: il sortit de leurs rangs des Bayards, des Duguesclin populaires, qui portèrent la gloire de la France plus haut qu'elle n'était jamais montée, population de héros, dont l'éclat obscurcit la gloire des époques antérieures de notre histoire; hélas! plus tard parmi les guerriers il devait se trouver des courtisans!

Les idées nouvelles germaient dans toutes les têtes, tout le monde voulait du pouvoir, la reconnaissance de ses droits, des lois, mais on voulait le pouvoir en d'autres mains, on voulait des lois autres que celles qui jusque alors avaient régi la France.

Joseph traversa toute cette foule qui remplissait les quais, les rues, les places publiques. Ivre de joie et ardent d'un avenir nouveau, il courut chez son père; le vieillard le serra dans ses bras, et lui parla des événemens politiques comme de la chose la plus simple et la plus naturelle. Depuis que le vieux Buchet était devenu riche, depuis qu'il avait un hôtel, un carrosse, rien ne lui paraissait impossible. De la place Royale Joseph se rendit à la rue de l'Université. L'hôtel de M. O'Flahers était vide et désert, un nouveau concierge gardait seul la porte entre-ouverte. Cet homme ne savait rien; il avait vu M. et madame O'Flahers monter dans leur voiture de ville, et avait été étonné de ne pas les voir retourner à l'hôtel; il les croyait à la campagne, voilà tout. Du reste, M. O'Flahers avait un homme d'affaires dont il donna l'adresse. Joseph vola chez l'homme d'affaires, celui-ci était un républicain exalté qui ne parlait que de Rome et d'Athènes, de Sparte et de Lacédémone : sur ses cheveux sans poudre il portait un bonnet phrygien.

« Monsieur et madame O'Flahers, dit-il à Joseph, ont quitté la France, et vous avouerez facilement avec moi que ce n'est pas un très-grand malheur pour le pays : ces gens n'étaient pas patriotes et ne le seraient jamais devenus ; leurs pareils ne nous ont que trop fait souffrir.

« — Mais, répondit Joseph, où sont-ils allés ?

« — Je ne sais, répondit l'homme d'affaires : ils ont vendu tous leurs biens, hors l'hôtel de la rue de l'Université, et ils ont dit qu'ils allaient en Italie ; puisqu'ils ont parlé du midi, c'est qu'ils sont au nord. »

C'était assez l'avis de Joseph qui ne put rien tirer de plus de l'homme d'affaires, de façon qu'en le quittant il était un peu plus incertain qu'auparavant.

« Que faut-il faire? disait-il à Jérôme et à Rose. » Jérôme était d'avis qu'il fallait se mêler au mouvement politique; Rose pensait qu'on devait prendre tous les moyens possibles pour découvrir Eugénie: mais quelque chose lui disait qu'elle n'était pas en Irlande; et elle engageait beaucoup Joseph à ne pas aller affronter, sans doute inutilement, la colère de M. et de madame

O'Flahers. Cependant elle dit a Joseph :

« Vous négligez une chose essentielle, et je ne comprends pas comment nous avons pu ne pas nous en aviser ; mais il n'y a point de temps de perdu, j'irai demain.

« — Où, demain, répondit Joseph ?

« — Mais au couvent des Annonciades : on aura là des nouvelles d'Eugénie.

« — Impossible ! s'écriait Joseph, elle ne sera pas retournée au couvent.

« — Et où voulez-vous qu'elle soit allée, disait Rose ? elle n'est pas allée chez son père, elle ne s'est pas présentée chez moi, j'en suis sûre; il faut bien qu'elle soit allée quelque part?

« — Morte, disait Joseph avec désespoir, morte! je vous dis.

« — Bath! répondit Rose, quand on est jeune, on ne se tue pas comme ça: on tient trop à la vie, et la mort est une trop vilaine chose. »

Rose avait raison; dès le matin elle fit une petite provision de café, de sucre et de tabac, et prit le chemin du couvent. Les choses avaient bien changé, et il était très-loisible à Rose d'aborder la tourrière sans toutes ses sucreries; mais elle voulut corriger la crudité du langage par la douceur de l'action.

« Ma sœur, dit-elle à la tourrière, il y a bien long-temps que je ne vous ai vue.

« — Hélas! oui, répondit la sœur; qu'étiez-vous devenue depuis un si long-temps? Nous sommes bien malheureuses depuis l'année passée.

« — Bath.

« — Oui, bien calomniées.

« — Pas possible. »

Et la tourrière se mit à faire un long récit des frayeurs du couvent, de la misère qui le menaçait. La bonne fille ne sut pas, ou ne voulut pas cacher à Rose que beaucoup de jeunes sœurs attendaient avec impatience un décret dont on commençait à parler, et elle ajouta que sans doute dans peu de temps elles donneraient au monde un grand sujet de scandale. Alors Rose éleva la voix et commença à interroger la tourrière aussi véhémentement que le peut faire un procureur du roi de nos jours, quand il a sous sa main un sujet déjà repris de justice.

« Ah! ah! vous craignez un décret, fit-elle, c'est donc que vous avez quelque religieuse qui n'est pas bien ici et qui y est entrée par force?

« — Oh! non, ma fille, je vous jure par tous les saints, que depuis que je suis dans cette sainte maison le cas n'est jamais arrivé ; il est possible que dans d'autres couvens...

« — Il ne faut pas jurer en vain, dit Rose avec la voix grave d'un casuiste rigoureux, il ne faut pas jurer en vain; la chose est arrivée, je le sais.

« — On vous a trompée, ma fille?

« — On ma trompée ! écoutez-moi, vous connaissez la sœur Sainte-Eugénie ? »

A ce nom, la tourrière pâlit, non qu'elle pensât qu'on eût employé quelques violences pour faire entrer Eugénie en religion, mais à cause du jeune Emmanuel, dont les vagissemens remplissaient encore le couvent; elle ne connaissait pas les desseins politiques de la supérieure, et elle aurait été désespérée que cette histoire se répandit.

» Vous ne connaissez pas la sœur Sainte-Eugénie ? répéta Rose.

« — Mon Dieu, oui, reprit la tourrière : c'est une de nos sœurs.

« — C'est, dites-vous, une de vos sœurs ?

« — Oui, ma fille.

« — Elle est ici ?

« — Oui, sans doute, il y a un an bientôt ; elle n'en est jamais sortie.

« — Jamais sortie ! fit Rose en ouvrant de grands yeux.

« Non, ma fille, répondit la tourrière, et nous espérons que bientôt elle prononcera ses vœux ; M. et madame O'Flahers sont venus la réclamer il y a six à sept mois ; ils voulaient l'emmener avec eux en Irlande, mais le Seigneur l'a touchée, elle a tout refusé ; elle n'a pas voulu de l'époux terrestre qu'on lui proposait, et elle sera unie bientôt à notre divin Sauveur ; vous voyez qu'elle n'est point ici par force, et que j'ai raison de le dire. »

Rose écoutait sans répondre ; elle ne comprenait pas par quel enchaînement de circonstances Eugénie avait pu rentrer dans son couvent, sans que personne ne se fût aperçu de sa fuite. Et sans rien ajouter, légère comme l'oiseau auquel on vient d'ouvrir sa cage, elle prit sa course et se dirigea chez Joseph, qui demeurait dans la maison de son père, place Royale.

Là, un nouveau spectacle l'attendait : un membre de la municipalité était mort, et la commune avait choisi pour le remplacer M. Christophe Buchet. L'ancien portier de M. O'Flahers se trouvait dans une perplexité comique : d'un côté il était fier d'être élevé par ses concitoyens à une dignité municipale; d'un autre, il y avait certains devoirs de ses nouvelles fonctions qui lui semblaient difficiles à remplir. Il avait la vue basse, la froide vieillesse était arrivée avec ses infirmités, et il opposait ses raisons pour refuser; mais il se gardait bien de donner la véritable: c'est qu'à peine s'il signait son nom. Il crut trouver un moyen de satisfaire à la fois son ambition et son amour du repos, en proposant son fils pour le remplacer. Il raconta ses duels, sa longue et arbitraire prison, et Joseph fut tout d'une voix déclaré officier municipal. A peine avait-il mit l'écharpe tricolore que Rose entra chez lui.

« Elle est au couvent.

« — Vous l'avez-vue ?

« — Non, mais elle est au couvent.

« — Il faut l'enlever, s'écria Jérôme. »

Joseph ne savait s'il veillait, Eugénie vivante! Eugénie au couvent! C'était Eugénie à lui, c'était une union certaine : les grilles des Annonciades, leurs verroux, tout cela tombait devant quelques mots d'explications avec son Eugénie. Il n'en eut pas même besoin! la loi venait de supprimer les couvens, et ce fut lui qui fut l'exécuteur de la loi. Il alla frapper à la porte de cette demeure; il annonça que la révolution était faite, qu'il fallait quitter ce lieu dévorant, renoncer à des vœux insensés, à des vœux trop absolus pour la faiblesse humaine, et il s'arrêta à la porte d'une cellule devant des cris d'enfans..... C'était Eugénie, c'était son fils!

son fils qui lui tendait deux petits bras faibles et incertains; Eugénie qui pleurait et détournait la tête. La justification de Joseph ne fut pas difficile, et il emmena Eugénie chez son père.

Un matin, à neuf heures, un jeune homme en frac élégant, tenant à son bras une jeune femme vêtue d'une robe blanche, fut soulever le marteau de la porte cochère de l'archevêché.

Nous allons trouver un vieux concierge qui a le nez bougeonné, puis une femme de charge discrète qui fait très-bien un lait de poule; ensuite un grand diable de valet de chambre qui a l'air un peu en dessous, et qui s'appelle Julien. »

On ouvrit, et ils demandèrent monseigneur l'archevêque.

« Monseigneur l'archevêque, répondit le concierge au nez bourgeonné, n'est pas visible; il va dire sa messe.

« — Sa messe! c'est cela même, nous entendrons très-volontiers sa messe. »

La femme de charge vint à passer, et elle entendit ces mots; elle s'avança vers le jeune homme et lui dit :

« Ah bien, oui, la messe de monseigneur, cela n'est pas possible : il ne la dit pas pour des étrangers. Si vous voulez entendre la messe, allez à Notre-Dame : on y dit trois messes à neuf heures, et neuf heures vont sonner; d'ailleurs monseigneur ne dit la messe qu'à dix.»

M. Julien courait après la femme de charge, il voulait du vin pour les burettes.

« Monsieur Julien, monsieur Julien, dit le jeune homme, veuillez prier monseigneur de nous donner audience ; vous savez qu'il reçoit toujours les officiers, je le suis. »

Monseigneur les reçut.

« Monseigneur, dit Joseph dès qu'il vit l'archevêque et en désignant Eugénie, j'ai l'honneur de vous présenter un officier qui vient réclamer son épée.

L'archevêque regardait Eugénie sans pouvoir se rappeler ses traits. La jeune femme se jeta à ses pieds; Joseph se saisit de la main de l'homme de Dieu et il la baisa. Monseigneur de Paris se déroba un moment à ses embrassemens, courut dans sa garde-robe, prit l'épée d'Eugénie qui était accrochée à un clou rouillé, et la lui rendit en lui disant :

« Ne m'en demandez pas davantage, car vraiment je ne pourrais vous rendre ni l'habit, ni les épaulettes. »

Alors Joseph laissa Eugénie seule un moment dans le salon où ils se trouvaient, et passa avec l'archevêque dans un cabinet ; là, il lui expliqua sa position, il lui dit sa fortune, il lui raconta l'émigration de M. et de madame O'Flahers qui avaient laissé Eugénie seule en France et sans protecteur, il lui apprit la naissance du jeune Emmanuel, et il lui demanda de les marier. Quand l'archevêque rentra dans le salon, Eugénie était rouge jusqu'au blanc des yeux.

Ils entendirent la messe de l'archevêque et furent mariés dans sa chapelle. Après ils déjeûnèrent chez l'archevêque, ils burent du champagne.

Monseigneur, en trempant ses

lèvres dans les bords de son verre qu'il n'acheva pas, dit :

« Je me souviens que j'avais bu du champagne une certaine nuit, où, à minuit, je reçus la visite d'un petit officier. »

« — Monseigneur prit-il cette nuit-là son lait de poule, demanda Eugénie?

M. Julien qui était derrière l'archevêque, une serviette d'une main et une assiette de l'autre, se mit alors à sourire sans savoir ce que l'on disait.

Le même jour mademoiselle Eugénie O'Flaherss se maria avec M. Joseph Buchet devant le maire de sa commune, qui n'hésita pas à dire que madame Buchet était la plus jolie femme de l'arrondissement, et peut-être même de la ville de Paris.

Jeune et placé aussi avantageusement qu'il l'était au commencement d'une révolution qui a fait tant de fortunes politiques et autres, il n'est pas besoin de dire que Joseph parvint sans peine à une position qui lui permit d'être utile à son pays, qu'il vécut heureux de l'amour de sa femme, et entouré de toutes les joies paternelles que donnent une nombreuse et belle famille; mais peut-être nous sera-t-il permis de parler ici de deux circonstances de sa vie qui montrent la générosité de son caractère, et la ténacité des préjugés de ceux contre lesquels il eut à lutter, et sur lesquels il ne l'emporta que par un concours de circonstances inouïes, et qu'il ne pouvait pas raisonnablement espérer.

Quatre ans après son mariage, en 93, dans les momens funèbres où la France en deuil était couverte d'échafauds, Joseph s'était retiré des affaires publiques; il avait trop de sens pour vouloir arrêter un torrent débordé, et il comprenait aussi que ce temps de violence serait court. Un soir qu'il était renfermé dans son cabinet, un homme mal vêtu se présenta à sa porte et demanda à parler à madame Buchet. Cet homme avait un large pantalon, un gilet rond qu'on appelait alors une carmagnole, sa chemise sans jabot, entr'ouverte, ses cheveux gras, et le domestique auquel il s'adressa put remarquer qu'il avait les yeux agités et les joues extrêmement pâles. Son costume était celui du jour, et ne devait point inspirer de défiance; mais ce qui en donnait, c'était son air troublé et l'affectation qu'il mit à demander madame Buchet.

« Le citoyen et la citoyenne sont au logis, lui répondit-on.

« — Au nom du ciel, dit-il, ne parlez pas de moi au citoyen ; mais faites que je voie madame, c'est-à-dire la citoyenne, un moment sans témoins. »

Quoique cette demande parût extraordinaire, on se trouvait dans un tel moment d'effroi et de confusion qu'on introduisit cet homme dans un salon particulier et qu'on fut avertir madame Buchet.

Eugénie se présenta.

Cet homme se jeta à ses pieds, il releva la tête quand il fut seul, et il dit :

« Sauvez-moi, madame, sauvez-moi, vous devez voir combien je suis malheureux puisque j'ai recours à vous : ma tête est à prix, on me poursuit, et quoique votre mari soit mon plus mortel ennemi, je suis certain qu'une personne de votre naissance ne refusera pas de sauver un des siens, je suis le vicomte du Terrier. »

Dans ce moment la porte du salon s'ouvrit, c'était Joseph.

« Monsieur le vicomte, lui dit-il, vous avez toujours affecté envers moi une injustice à laquelle je suis persuadé que vous-même ne pouvez pas croire. Vous dites que je suis votre ennemi, vous vous trompez, c'est vous qui avez toujours été le mien, et pourquoi? Par une vanité vaine et puérile qui vous a poussé jusqu'à commettre sur moi un crime. Maintenant vous m'offensez encore, et aux yeux de ce que j'ai de plus cher, aux yeux de ma femme. Vous venez chez moi, et vous supposez que je puis ne pas regarder mes foyers comme sacrés... Tout cela sont des injures gratuites auxquelles vous ne croyez pas vous-même. Vous avez mis le pied chez moi, monsieur, vous êtes sauvé. Où voulez-vous aller ?

« — Hors de France.

« — Avez-vous de l'argent ?

« — Non, monsieur.

« — Soyez tranquille, je me charge de tout. »

Joseph cacha chez lui du Terrier pendant deux ou trois jours, se fit donner une mission pour la frontière, et partit avec M. le vicomte du Terrier, qui, sur le passeport de Joseph, était porté comme son domestique. M. le vicomte domestique de Joseph !

A Calais, Joseph fit marché avec un bateau smogleur, et M. du Terrier débarqua sans accident à Douvres.

Sous le consulat à vie, Joseph, qui était sorti pur de la révolution, et qui occupait une place élevée dans la diplomatie, fut chargé par le consul d'une mission importante près du gouvernement anglais; il partit pour Londres avec le titre modeste de chargé d'affaires, mais avec les moyens nécessaires pour paraître avec l'éclat d'un ambassadeur; cela convenait au rang que commençait à prendre la France et à la politique naissante de Napoléon. Joseph Buchet fut reçu à Londres avec les égards dus à la puissance qu'il représentait, et à son mérite personnel. Il parlait anglais avec élégance et grâce, cela facilita ses opérations diplomatiques, qu'il termina d'une manière avantageuse à la France et agréable au consul. Durant son séjour à Londres, il fut reçu chez les ministres et chez les membres les plus influens de la chambre haute et de la chambre des communes. Un soir qu'il assistait dans *Regent-Streed* à une réunion brillante chez le duc de Sth..., il aperçut non loin de lui, et assise devant une table à thé, madame la comtesse O'Flahers, et il entendit la conversation suivante :

« Comment se porte monsieur le comte? demandait à madame O'Flahers un lord d'une quarantaine d'années.

« — Beaucoup mieux, mylord ; mais son rhumatisme le cloue sur son fauteuil.

« — Savez-vous, madame, qui

est à deux pas de vous? C'est le chargé d'affaires français, un homme très-remarquable, que sa finesse et sa dextérité en diplomatie n'empêchent pas d'être un homme moral, un parfait *gentleman*, je vous assure. »

Joseph vit que madame O'Flahers jetait sur lui un coup d'œil, et qu'elle le reconnaissait, il ne bougea pas.

« Lui, dit madame O'Flahers, c'est le fils d'un savetier.

« — La France serait bien heureuse si tous les fils de savetier lui ressemblaient, ajouta le lord; il a eu ce matin une entrevue avec le

Regent, qui ne cesse de faire son éloge.

« — Ah! mylord, continua madame O'Flahers, il y a des familles bien malheureuse! imaginez que cet homme a enlevé ma fille et qu'il l'a épousée!

« — Vous appelez cela un malheur, répliqua le lord; si je ne savais pas que M. Joseph Buchet a une des femmes les plus aimables de Paris et quatre jolis enfans, j'aurais recherché son alliance. »

A ces mots mylord quitta la comtesse, et Joseph fut à l'autre bout du salon. Là il trouva un secrétaire du ministre anglais, qui lui montra un homme assez bien vêtu, mais dont la figure avait un rare caractère d'impudence.

« Ne connaissez-vous pas ce Français? dit le secrétaire à Joseph; c'est un émigré.

« — Je crois que oui, répondit Joseph, quoiqu'il soit un peu vieilli. N'est-ce pas M. le vicomte du Terrier?

« — Précisément, dit l'Anglais; j'ai le malheur de le connaître beaucoup : il joue au *creebbegge* avec une habileté désespérante. Rendez-moi un service?

« — Lequel?

« — Faites-le radier de la liste des émigrés? »

Joseph se prit à sourire, et demanda à son interlocuteur si par hasard il ne pourrait pas lui donner quelques renseignemens sur M. le marquis de N***.

« Le marquis de N*** ! sans doute, c'est un homme dont la jeunesse s'est passée au milieu des futilités de la cour, mais dont l'esprit juste et le caractère généreux ont pu être appréciés dans l'émigration ; il vit retiré à Windsor, voit quelques gentlemen et le Régent. »

Joseph se présenta chez M. le marquis de N*** et il fut reçu avec autant de bonté que de courtoisie. L'âge avait effacé toutes les traces d'une fatuité plutôt de situation que de caractère.

« Nous avons été des fous, dit-il à Joseph, nous avons oublié, méprisé et méconnu le peuple; il s'est vengé. Gardez-vous de fonder une nouvelle aristocratie et de faire comme nous.

FIN.

www.ingramcontent.com/pod-product-compliance
Ingram Content Group UK Ltd.
Pitfield, Milton Keynes, MK11 3LW, UK
UKHW021128220726
13924UKWH00004B/1964